Ein Wort an die Erwachsenen

Kinder sind keine Fässer,
die gefüllt werden sollen,
sondern Feuer,
die entzündet werden wollen!

— *Rabelais, frz. Philosoph*

In meiner beruflichen Laufbahn durfte ich in einigen Einrichtungen Erfahrungen sammeln. In der Praxis haben mir manchmal Materialien oder Spiele gefehlt, die ich gern meiner Kindergruppe angeboten hätte. So habe ich begonnen, selbst Material zusammenzustellen und Spiele zu erfinden. Mein Repertoire erweiterte sich im Laufe der Zeit sehr und so entstand eine ganze Reihe von Aktionskarten. Diese Praxisideen und Vorschläge werden Ihnen eine gute Unterstützung im Alltag bei der Arbeit mit den Kindern sein.

Da die Materialien meist auf einem Tablett bereitliegen, kann das Kind alles, was es braucht, in einem Schritt an seinen Arbeitsplatz bringen. Sofort kann es selbstständig und konzentriert an die Arbeit gehen. Es taucht ein in sein eigenes Handeln und bildet sich selbst. Bei Bedarf ist das Material mit einer Selbstkontrolle ausgestattet, sodass das Eingreifen der Erzieherin* überflüssig wird, hat sie die Tabletts erst einmal mit der nötigen Erklärung in der Kindergruppe

* Aus Gründen der besseren Lesbarkeit haben wir in diesem Produkt durchgehend die weibliche Form verwendet. Natürlich sind damit auch immer Männer gemeint, also Erzieher, Pädagogen und Fachanleiter etc.

eingeführt. Während der Beschäftigung ist keine Spielleiterin nötig, die Materialien sind sozusagen „Selbstläufer" im Gruppenalltag. Ich möchte sogar behaupten, dass – in Anlehnung an die Reggio-Pädagogik – nicht der Raum, sondern die richtige Materialauswahl im Raum der „dritte Erzieher" in der Gruppe ist. Die Aktionskarten unterstützen so die Freispielzeit in der Kita und öffnen der Erzieherin Zeitfenster beispielsweise zur Beobachtung des Kindes mit diesem Material.

Ich finde, dass das oben genannte Zitat nicht treffender beschreiben könnte, wie Bildung des Kindes geschehen muss und wie sie funktioniert. Das Kind eignet sich verschiedene Kompetenzen an, die es für zukünftige Lebenssituationen braucht, es bildet sich nach seinem „inneren Bauplan". Und diesen Bauplan gilt es, zu unterstützen und den Funken zu liefern, der das Feuer entfacht!

Ich wünsche allen Kolleginnen Mut, Freude und Erfolg bei der Umsetzung der Arbeit mit den Aktionskarten!

Petra Faßbender

Warum Aktionskarten für Vorschulkinder?

Im pädagogischen Alltag begegnen uns immer häufiger verschiedene Formen von Karten, Karteikartensystemen, Karten für Organisationsabläufe usw. Literatur in Form von Karten ist zum modernen Medium geworden.

Warum ein Kartensystem? In einem Buch zu blättern und auf geeigneten Seiten einen kleinen Zettel reinzulegen, ist oft mühsam. Das Buch wird zur Seite gelegt, die Ideen und Vorhaben werden wieder zugeklappt (aus den Augen – aus dem Sinn). Anders die Karten:

Vorschulideen auf dem Lern-Tablett serviert

44 motivierende Fotokarten zum **entdeckenden Lernen**

Petra Faßbender

ausgesucht – rausgefischt und los! Die Spiele und Übungen, die infrage kommen, die zum Thema passen, die sich die Kinder ausgesucht haben, die Ideen, die zum Einsatz kommen sollen, liegen stets im Blickfeld und können nach und nach umgesetzt werden.

Besonders im vorschulischen Bereich erweisen sich Karten zudem als äußerst praktisch und robust zugleich. Da die Kinder in hohem Maße miteinbezogen werden können, sollen und wollen, stellen die Aktionskarten sich als sehr alltagstauglich dar. Die Karte in DIN-A5-Größe (und im Idealfall von Ihnen noch extra laminiert) bietet ein robustes System, das die Kinder anspricht. Ein Foto auf der Vorderseite macht den Kindern transparent, was sie erwartet und wie das Spiel funktioniert; die Materialien liegen auf dem Tablett bereit. Darüber hinaus sind auf der Rückseite alle wichtigen Informationen für die Erzieherin beschrieben. Dadurch, dass das Kind in die Auswahl (und ggf. auch Vorbereitung) der Spiele und Übungen mit einbezogen werden kann, fühlt es sich wertgeschätzt und ernst genommen. Durch die Partizipation des Kindes entsteht eine hohe Motivation und der Selbstbildungsprozess wird so maßgeblich unterstützt. Gerade diese Eigenmotivation steigert die Lernbereitschaft des Kindes, die unverzichtbar ist.

Die klaren, deutlichen Bilder motivieren, aktiv zu werden. Die Selbstständigkeit des Kindes ist gewollt. Selbstbestimmt kann das Kind sich bedienen und selbstständig arbeiten. Es braucht keine Spielleiterin, die beispielsweise auf eine bestimmte Reihenfolge der Mitspieler achten muss. Es kann ganz für sich allein oder auch mit einem Freund zusammen aktiv werden. Das Material motiviert, gerade weil es oft Dinge aus dem alltäglichen Leben umfasst: Es ist ansprechend und weckt die Neugierde, das Kind möchte zugreifen!

Da die Materialien selbst zusammengestellt sind, meist mit Dingen, die jeder Haushalt hergibt, ist die Beschaffung kostenlos oder mit nur sehr geringem Kostenaufwand verbunden. Geht ein Utensil zu Bruch oder ein Einzelteil verloren, so ist es, gegenüber handelsüblichen Spielsets, eine Leichtigkeit, für Ersatz zu sorgen, was einen enormen Vorteil für den Alltag bringt.

Was kann ich mit den Aktionskarten fördern?

Die Spiel- und Aktionsideen der Karten unterstützen die Arbeit mit den Vorschulkindern und bereiten sie auf ihren neuen, zukünftigen Lebensabschnitt Schule vor. Die Konzentration und Ausdauer beim Arbeiten mit den Materialien wird gefördert, das Kind findet zur inneren Ruhe und ist ganz bei sich selbst. Es hat die freie Wahl im Freispiel, ohne auf die Hilfe einer Erzieherin angewiesen zu sein.
Auch wenn die meisten Karten unterschiedliche Bereiche zugleich fördern (so zieht sich z. B. die Förderung der Feinmotorik, die bedeutsam ist für den Schrifterwerb, wie ein roter Faden durch alle Aktionskarten), sind die Aktionskarten in vier große Bildungsbereiche eingeteilt, sodass die grundlegenden Vorläuferfertigkeiten angesprochen werden. Ganz konkret finden Sie auf der Rückseite einer jeden Karte angegeben, was Sie mit diesem Spiel fördern.

Schwerpunkte im **mathematischen Bereich** sind Menge-Zahl-Zuordnung, simultane Mengenerfassung, Würfelbilder erkennen, abstraktes Formwissen, Farben benennen, räumliches Vorstellungsvermögen, logische Folgen oder auch Zahlen kennen und benennen können.

Schwerpunkte in **Sprache und Literacy** sind Buchstabenwissen, phonologische Bewusstheit, Anlaute hören, visuelle Wahrnehmung, Buchstaben schreiben, Reime finden.

Schwerpunkte der **Feinmotorik** sind Krafteinsatz, Förderung der Handmuskulatur, mit der Schere schneiden können, Schleifen binden, visuelle und taktile Wahrnehmung, Hand-Auge-Koordination, Geschicklichkeit.

Schwerpunkte im Bereich **Experimentieren und Problemlösen** sind physikalische Gesetzmäßigkeiten, Schwerkraft, Balance, Gewicht, Experimentierfreude, Kreativität, räumliches Vorstellungsvermögen, Vergleiche anstellen und ausprobieren wollen.

Wie arbeite ich mit den Karten?

Zuerst einmal schauen Sie sich das Aktionskartenset in Ruhe an. Sie werden sehen, so unterschiedlich und vielfältig die Spielvorschläge auch sind, sie haben eine grundlegende Gemeinsamkeit. Sie sind in der Regel auf einem Tablett arrangiert und dem Kind somit einfach zugänglich. Nachdem das Kind sich eine Karte ausgesucht hat oder die Erzieherin eine Auswahl an Spielen getroffen hat, die sie gern anbieten möchte, wird das Material entsprechend vorbereitet. Auf der Rückseite einer jeden Aktionskarte finden Sie Erläuterungen zu den Rubriken

* **Anzahl der Kinder**
* **Das fördern Sie**
* **Das brauchen Sie**
* **Das müssen Sie vorbereiten**
* **So geht es**
* **Selbstkontrolle/Tipps/Varianten**

Dort erfahren Sie alles Wichtige, was für die Umsetzung der Aktionskarten nötig ist.

Sind alle Vorbereitungen abgeschlossen, kann der Spaß beginnen. Viele Karten verstehen sich von allein, das Foto macht dem Kind transparent, was zu tun ist. Manche Aktionskarten brauchen eine kurze Erklärung, manchmal auch die Erläuterung von Spielregeln.

Empfehlenswert ist es, zu Beginn des Einsatzes der Materialien Begleiter des Kindes zu sein. Hat sich der Umgang mit den Übungen etabliert, sind die Spiele ein Selbstläufer. Die Zeit, die Sie zur Einführung der Aktionstabletts investieren, macht sich später bezahlt.

Gerade die Spiele aus dem Bereich „Experimentieren und Problemlösen" bieten sich an, um selbst als Forschender zu fungieren. Kommentieren Sie Ihr Tun und Ausprobieren, sprechen Sie Ihre Beobachtungen und Überlegungen aus – besser noch, formulieren Sie eine

Frage daraus und regen Sie so die Denkprozesse der Kinder an. Beispielsweise: *„Ich bin gespannt, was passiert, wenn ich zwei Steine vor den Spiegelwinkel lege", „Wie viele Hölzchen muss ich nehmen, um dieses Haus zu legen?", „Was passiert, wenn ich den Magnet hineintauche?"*
Manche Übungen im Bereich „Sprache und Literacy" verlangen eine laute Aussprache (Reime finden oder Anlaute hören z. B.). Hier sollten Sie in der Anfangsphase die einzelnen Wörter laut und deutlich aussprechen. Für den Erwachsenen scheint dies schon übertrieben deutlich, jedoch ist es für das Kind leichter, den richtigen Buchstaben rauszuhören, z. B.: *„MMMaus".*

Einige Tabletts werden in Stille bearbeitet. Besonders im Kapitel der Feinmotorik sollte das Kind in Ruhe und Konzentration arbeiten. Viele Aktionskarten bedürfen kaum einer Erklärung. Hier gilt es, dem Kind das Tun mit einer inneren Ruhe selbst vorzumachen, es bedarf hier keiner Worte, das Kind sieht, was zu tun ist. Ist die Übung beendet, übernimmt das Kind das Tablett und kann selbstständig arbeiten. Dabei übernehmen Kinder sehr häufig die ihnen vorgeführte Ruhe und es entstehen sehr schöne Momente des Erfahrens und Lernens in Stille und Konzentration.

Bei manchen Spielen/Übungen ist eine Selbstkontrolle eingebaut. Das heißt, das Material bietet dem Kind die Möglichkeit, sich selbst zu kontrollieren, und es ist somit nicht auf die Hilfe eines Erwachsenen angewiesen. Als Beispiel seien die Reimkarten genannt. Auf dem Tablett liegen zehn Bildkarten. Immer zwei Karten gehören zusammen, sie bilden einen Reim (Zahn – Hahn). Das Kind legt die Reimpaare nebeneinander und kann sich selbst kontrollieren, indem es unter die beiden Karten schaut, denn dort sind Farbpunkte aufgeklebt. Sieht es unter den Karten die gleiche Farbe, so hat es richtig gereimt. Eine andere Art von Selbstkontrolle ist beispielsweise am Zählkasten zu finden: Im Körbchen liegt die genau benötigte Menge an Glassteinen, um die einzelnen Schubladen zu füllen. Das bedeutet für das Kind, dass es am Ende noch genau die Anzahl an Glassteinen übrig haben muss, die in das letzte Fach gehört, sonst hat es irgendwo einen Fehler gemacht und sollte alle Mengen nochmals kontrollieren.

Hinweise zu Materialbeschaffung und Aufbewahrung

Viele Materialien, die auf den Aktionskarten zu sehen sind, lassen sich im Haushalt finden. Gerade die Dinge aus dem Alltag machen die Übungen für die Kinder reizvoll. Ein kleines Sieb, eine Pinzette oder ein Trichter sind keine üblichen Gegenstände eines Spiels. Das Interesse und die Neugierde des Kindes sind Ihnen sicher.

Empfehlenswert ist es, sich erst einmal auf die Suche nach Materialien im Haushalt und in der Kindertagesstätte zu machen. Fast jede Einrichtung verfügt über ein Regal oder einen kleinen Abstellraum, wo Spiele und Legematerial gelagert sind. Viele Kleinteile können zweckentfremdet werden, besonders von den Spielen, die bereits unvollständig sind oder deren Spielanleitung man nicht kennt. Bevor also ein Spiel weggeworfen wird, können Sie Spielfiguren, Würfel oder Bildkarten anderweitig verwenden. Sie werden im Laufe der Zeit immer mehr einen Blick dafür bekommen, was Sie zu einer Übung kreativ einsetzen können. Kostenloses Material, wie leere Cremedöschen oder Shampoo-Flaschen etc. in unterschiedlichen Größen, können von Eltern mitgebracht werden. Eine wahre Fundgrube sind Baumärkte und Billigdiscounter. Hier finden Sie Alltagsmaterialien zum Sortieren. Auch Tabletts in verschiedenen Größen sind dort erhältlich. Wählen Sie unifarbene Tabletts, dann wird das Kind nicht durch bunte Motive abgelenkt und das Material kommt besser zur Geltung. Körbchen und Kistchen sind dort ebenfalls günstig zu erwerben. In Baumärkten finden Sie Schrauben und Muttern in beliebigen Größen, Seile und Schnüre oder auch Sortierkästchen in unterschiedlichen Größen.

Nach und nach wird sich Ihre „Schatzkammer" füllen. Zur Aufbewahrung eignen sich gesammelte Marmeladengläser für Würfel, Glassteinchen, kleine Perlen usw. Sortierkisten aus dem Baumarkt, die sich übereinanderstapeln lassen, bieten außerdem viel Platz auf wenig Raum. Von Vorteil ist es, wenn Sie in einem

Nebenraum die Möglichkeit haben, ein Regal einzurichten, das Sie für die Lagerung nutzen können. Das Repertoire wird sich im Laufe der Zeit erweitern und Sie werden mehr und mehr Einfälle haben, aus scheinbar unnützen Dingen Wertvolles zu kreieren.

Wie bereits erwähnt, sind Tabletts ein sehr geeignetes Mittel der Präsentation, da sie dem Kind die Selbstständigkeit ermöglichen, sich eine bestimmte Aktivität herauszusuchen, zu bearbeiten und wieder aufzuräumen. Dies können ganz unterschiedliche Tabletts sein, da die Angebote auch unterschiedliche Größe haben, es können auch einheitliche Tabletts sein, wenn Sie das ansprechender finden. Wie viele Sie brauchen, hängt ganz davon ab, wie viele Angebote Sie jeweils gleichzeitig griffbereit haben möchten.

Des Weiteren werden Sie kleine Döschen und Körbchen für die einzelnen Materialien benötigen. Auch hierbei gilt, dass Sie diese für unterschiedliche Angebote wiederverwenden können. Wenn Sie nicht alle Angebote gleichzeitig vorbereitet haben, werden die Kinder einfach in den Prozess des Vorbereitens stärker mit eingebunden.

Zur Vorbereitung der Lern-Tabletts

Bevor verschiedene Übungen angeboten werden können, bedarf es manchmal etwas Vorbereitung. Empfehlenswert ist es, kleine Karten aus Tonpapier als Unterlagen zu laminieren. Mittlerweile verfügen die meisten Kitas über ein Laminiergerät, sodass dies kein Problem sein dürfte. Die Karten und Unterlagen werden so robuster und müssen nicht so schnell wieder ersetzt werden. Besonders in den Bereichen *Feinmotorik* und *Experimentieren und Problemlösen* wird Sand verwendet. Hier wurde Vogelsand gekauft.

Vogelsand ist sehr kostengünstig und fühlt sich weich an. Da er feinkörnig ist, eignet er sich besonders gut zum Schütten und Hineinmalen. Allerdings sind kleine Kalksteinchen etc. darin enthalten. Diese sollten vorher rausgesiebt werden, dabei können die Kinder mit einbezogen werden und mithelfen. Die herausgesiebten Steinchen könnten zu einer Schüttübung genutzt werden. Gerade bei Schüttübungen ist es sinnvoll, von langsam fließendem Material zu schnell fließendem Material zu kommen. Sind es erst die Steinchen, dann der Sand und später das Wasser, kann das Kind nach und nach seine Feinmotorik trainieren und den Schüttvorgang stoppen, bevor es überläuft. Verwenden Sie Wasser, sollte dieses mit Lebensmittelfarbe gefärbt werden. So ist es sichtbarer und ist es gefärbt, sind die Kinder nicht so schnell geneigt, mal daran zu nippen. Wischlappen, Besen, Handfeger und Schaufel in der Nähe zu haben, hat sich in jedem Fall als nützlich erwiesen.

Für die Buchstaben- und Zahlenkarten, die immer mal wieder benötigt werden, bekommen Sie mit diesen Karten auch drei Karten mit dem Alphabet und allen Ziffern als Kopiervorlage. Diese sollten Sie nicht direkt zerschneiden, sondern farbkopieren, laminieren und dann zerschneiden – auf diese Art und Weise haben Sie lange immer wieder Freude daran.

Einsatz in der Vorschularbeit

In vielen Einrichtungen werden die künftigen Schulkinder zeitweise zu einer Gruppe zusammengefasst. Die Kinder treffen sich gruppenübergreifend in Vorschulgruppen in regelmäßigen Abständen. In einigen Kitas besteht eine Kooperation mit den Grundschulen und es finden Schulkindertreffs in der Schule statt. Nicht selten konnten sogar spezielle Räume für solche Treffen gefunden und eingerichtet werden, was natürlich ideal ist. Ziel dieser Gruppen ist es, den Übergang vom Kindergarten zur Grundschule fließender zu gestalten und die Kinder auf ihren neuen Lebensabschnitt vorzubereiten. Die Förderung zur Schulfähigkeit sollte dem Kind Spaß machen, jedes Kind sollte aus dem inneren Antrieb heraus lernen wollen. Durch starke Einbeziehung bei der Auswahl einzelner Aktionskarten und gegebenenfalls die Mithilfe bei der Vorbereitung wird die Motivation im Kind geweckt, etwas tun zu wollen. Durch die praktischen Karten können die Kinder selbst entscheiden – wie im offenen Unterricht in der Schule – und die Lernfreude ist Ihnen sicher. Die Karten machen ohne große Worte die Aufgabe transparent. Das Material hat einen hohen Aufforderungscharakter und weckt die Experimentierfreude. Da die Aktionskarten vier maßgebliche Förderbereiche bedienen, können Sie während des Spiels des Kindes wichtige Beobachtungen tätigen bzw. Einblicke gewinnen. Sie erfahren Aufschlussreiches über den Entwicklungsstand des Kindes und können, darauf aufbauend, spezielle Fördermaßnahmen andenken, die spielerisch (Auswahl bestimmter Aktionskarten) umgesetzt werden sollten.

Finden Vorschultreffs in eigenen Räumen statt, so können die gemeinsam hergestellten Spiele und Übungen auf einem Regal deponiert werden, zugänglich fürs nächste Mal und für andere interessierte Kinder der Gruppe. Verfügen Sie nicht über solche Möglichkeiten, könnte das Tablett bis zum nächsten Treffen anders gelagert werden oder Sie geben die Übung mit in die Kindergartengruppe, wo das Kind und evtl. auch die anderen Kinder der Gruppe das Spiel nutzen können.

Einsatz im Freispiel

Natürlich finden die Übungen und Spiele im Alltag während des Freispiels ebenso großen Anklang. Haben Sie sich entschieden, die Materialien im Freispiel zu nutzen, dann ist es von Vorteil, die Tabletts an einem bestimmten Ort/Regal anzubieten. Ordnen Sie das Spielangebot so, dass Regelspiele und Puzzles einen Platz haben und die Übungen einen anderen festen Platz, ein eigenes Regal haben. Das Kind erlebt so eine Struktur und diese bietet Sicherheit. Wird ein Tablett von einem Kind gewählt, so hat es auch dort alles geordnet vor sich. Nach der Arbeit sollte das Kind die Übung auch wieder geordnet zurückstellen.

Hinweise zu Beobachtung und Dokumentation

Dadurch, dass die Spiele und Übungen die Kinder motivieren, sich selbst zu bilden, in Aktion und Konzentration zu gelangen, eröffnen sich für die Pädagogin Zeitfenster zum Beobachten. In vielen Einrichtungen sind bestimmte Beobachtungssysteme etabliert, die sich eignen, die Entwicklung des Kindes zu erfassen.

Durch die vielseitigen Förderbereiche der Aktionskarten erschließen sich Ihnen beim Beobachten die Stärken, die Interessen, der Entwicklungsstand des Kindes. Die Praxis hat gezeigt, dass oft ein kleiner Notizblock mit Bleistift sehr hilfreich ist, um kurze Beobachtungen aufzuschreiben, die später in die Kinderakte eingetragen werden können.

In diesem Karten-Set erhalten Sie **vier Lernübersichtskarten**, die auch als Kopiervorlage verwendet werden können (Sie finden sie auf den Rückseiten der Buchstaben- und Zahlenkärtchen). Diese Karten zeigen Ihnen übersichtlich, mit welchem Tablett welche Fähigkeiten konkret gefördert werden. Anhand dieser Übersichten können Sie eine schnelle Auswahl treffen, wenn Sie gezielt einen bestimmten Bereich fördern möchten.

Darüber hinaus können Sie die Lernübersichtskarten für jedes Kind kopieren und so leicht dokumentieren, mit welchen Übungen sich das Kind bereits befasst hat (z. B. mit Textmarker markieren oder das Datum ins Kästchen schreiben). So erhalten Sie eine Übersicht darüber, mit welchen Materialien sich das Kind häufig befasst, in welchem Bereich sich das Kind in einer sensiblen Phase befindet und Lernbereitschaft zeigt. Erkennbar wird auch, welche Bereiche das Kind evtl. meidet, denn auch da sollte man genauer hinschauen, um zu erkennen, warum es sich für diesen Bereich gar nicht interessiert.

Weiterentwicklung der Angebote

Auf vielen Karten finden Sie in der untersten Rubrik Varianten und Tipps, um das Angebot auf dem Lerntablett zu ergänzen und zu variieren. Häufig werden Sie auch entdecken, dass Karten bereits auf Weiterentwicklung ausgelegt sind. So gibt es beispielsweise häufiger die Möglichkeit, dass ein Kind etwas baut und Sie davon ein Foto machen und ausdrucken. Dieses Foto dient dann in Zukunft als Vorlage für weitere Kinder, die damit arbeiten. Der Fundus an Material wächst somit zusehends.

Durch die Art des offenen Arbeitens mit gewöhnlichen Alltagsgegenständen wird es Ihnen und den Kindern außerdem in Zukunft häufig passieren, dass Sie im Alltag neue Ideen für spannende Lern-Tabletts bekommen. Die hier dargestellten Angebote sind auch nur eine Auswahl vieler Tabletts, die ich im Laufe der Jahre für oder mit meinen Kindern entwickelt habe. Ich möchte Sie an dieser Stelle dazu ermutigen, sie selbst weiterzuentwickeln und auch – vor allem – die Ideen der Kinder mit einzubeziehen. Die Kinder sind neugierig auf die Rohre, die die Handwerker draußen verlegen? Sie haben bei einem Ausflug in den Wald Kastanien gesammelt? Beobachten Sie die Kinder und stellen Sie neue Tabletts zusammen. Erarbeiten Sie neue Aufgaben und fotografieren Sie Ihre neuen Schöpfungen. Auf DIN A5 ausgedruckt und laminiert, haben Sie direkt eine Ergänzung zu den hier angebotenen Karten. Die Kinder werden Ihnen die Vielfalt danken und besonders stolz sein, wenn sie ihre eigene Mitarbeit daran wiederentdecken können.

Alle Karten in der Übersicht

Mathematik

1. Zählkasten
2. Würfeltannnenbaum
3. Würfeln und weg!
4. Wie viele sind's?
5. Mengen-Punkte-Legespiel
6. Was gehört wohin?
7. 4-mal Quadrat
8. Bunte Eierkette
9. Schau genau und bau!
10. Socken sortieren
11. Knöpfe sortieren
12. Von klein nach groß – und los!
13. Schütt hinein – kann das sein?
14. Bügelwaage
15. Bunter Teppich
16. Was kommt jetzt?

Feinmotorik

17. Schnipp – und ab!
18. Schleifenkiste
19. Rapunzelzopf
20. Sandzeichen
21. Biegezeichen
22. Blau zu Blau
23. 1 – 2 – 3, bunte Eier in die Reih!
24. Minitransport
25. Ringeling
26. Schatzkiste

Sprache und Literacy

27. Buchstabenkasten
28. Buchstaben-Memo
29. Was steckt drin?
30. Reime
31. Namenpuzzle
32. Sand-Buchstaben
33. Buchstaben kneten
34. Buchstabenwürfel

Experimentieren und Problemlösen

35. Magnetfischen
36. Stäbchenbilder
37. Spieglein – Spieglein
38. Spiegelwand
39. Was passt?
40. Spuren im Sand
41. Wassertransport
42. Goldsucher
43. Schlösser und Schlüssel
44. Murmelkarussell

Impressum

Titel
Vorschulideen auf dem Lern-Tablett serviert
44 motivierende Fotokarten zum entdeckenden Lernen

Autorin
Petra Faßbender

Fotos
Photodesign Marion Ott

Verlag an der Ruhr
Mülheim an der Ruhr
www.verlagruhr.de

Geeignet für Kinder von 4–6 Jahren

ISBN 978-3-8346-3125-1

Printed in Germany

Kauen Sie Ihren Vorschulkindern die Arbeit nicht vor – servieren Sie ihnen stattdessen Gelegenheiten zum entdeckenden Lernen, Selbst-aktiv-werden und spielerisch Experimentieren auf dem ~~Silber~~ Lern-Tablett.

Gezielt werden hierbei die folgenden Bildungsbereiche trainiert:

* Mathematik
* Feinmotorik
* Experimentieren und Problemlösen
* Sprache und Literacy

Auf jeder Karte zeigt ein Foto den Kindern genau, welche Materialien benötigt werden und was zu tun ist. Sie müssen dann nur noch die Materialien, die zumeist aus Haushaltsgegenständen bestehen, zur Verfügung stellen und können die Kinder dann beim „Selbstbilden" beobachten. Tabellen zum Dokumentieren der trainierten Kompetenzen liegen bei.

Für 4–6 Jahre

9 783834 631251

www.verlagruhr.de

Verlag an der Ruhr

9
6
7
10
8
5

1 Zählkasten

Anzahl der Kinder: 1 Kind selbstständig

Das fördern Sie: Menge-Zahl-Verständnis, simultane Mengenerfassung, Zahlenwissen/Zählen

Das brauchen Sie: Schubladenkasten mit 6 Kästchen, Glassteinchen entsprechend den angegebenen Zahlen, Zahlenkärtchen

Das müssen Sie vorbereiten: Kennzeichnen Sie die einzelnen Kästchen mit Zahl und/oder Menge (z. B. Würfelpunkte). Für jüngere Kinder kann man bei 1 beginnen, interessanter ist für die älteren vermutlich das Zählen von 5 bis 10.

So geht es: Die Kinder bestücken die Kästchen entsprechend der darauf stehenden Zahl oder Menge mit Glassteinen. Anschließend benennen sie erst die Zahl auf dem Kästchen und schauen dann in der Schublade nach, ob so viele Steinchen drin sind, wie die Zahl es angibt.

Selbstkontrolle: Die Selbstkontrolle besteht darin, dass das Kind beim richtigen Verteilen am Ende noch die Anzahl Steine im Körbchen hat, die es für die letzte Schublade braucht.

2 Würfeltannenbaum

Anzahl der Kinder: 2 Kinder

Das fördern Sie: Menge-Zahl-Verständnis, Würfelbilder kennen, Zählen

Das brauchen Sie: grüne DIN-A4-Blätter, Stift, Würfel, Körbchen, 42 Glassteine

Das müssen Sie vorbereiten: Malen Sie, wie auf dem Foto zu sehen, Kreise auf, sodass eine Art Tannenbaum entsteht, und zeichnen Sie das entsprechende Würfelbild dazu. Laminieren Sie die „Spielbretter".

So geht es: Die Kinder würfeln reihum. Entsprechend der Augenzahl legen sie die Reihe mit Glassteinchen aus (zeigt der Würfel eine 3, dann legen sie die 3er-Reihe aus). Ist eine Reihe bereits belegt, kann sie nicht erneut belegt werden. Es gewinnt derjenige, dessen Tannenbaum zuerst ausgelegt ist.

Varianten:

* Sie können das Spiel für beliebig viele Mitspieler herrichten.
* Sind die Tannenbäume ausgelegt, können die Kinder auch umgekehrt spielen, indem sie den Tannenbaum durch Würfeln wieder abräumen.

123456
1 2 3 4 5 6

3 Würfeln und weg!

Anzahl der Kinder: 2–5 Kinder

Das fördern Sie: Zahlenwissen/Zählen, Würfelbilder kennen

Das brauchen Sie: Papierstreifen, Würfel, Stift

Das müssen Sie vorbereiten: Beschriften Sie ein Blatt Papier wahlweise mit Zahlen oder Würfelbildern von 1 bis 6 (5 Streifen auf ein DIN-A4-Blatt zum Kopieren und späteren Auseinanderschneiden).

So geht es: Das Kind wählt einen Zahlenstreifen aus und beginnt, zu würfeln. Die gewürfelte Zahl bzw. das gewürfelte Würfelbild darf es wegstreichen. Die Kinder würfeln so lange, bis sie alle Symbole ausgestrichen haben. Am reizvollsten ist es hier natürlich, wenn mehrere Kinder mitmachen und reihum würfeln und wegstreichen. Sieger ist, wer als Erstes kein Symbol mehr übrig hat (wird eine Zahl gewürfelt, die bereits weggestrichen ist, ist der nächste Spieler an der Reihe).

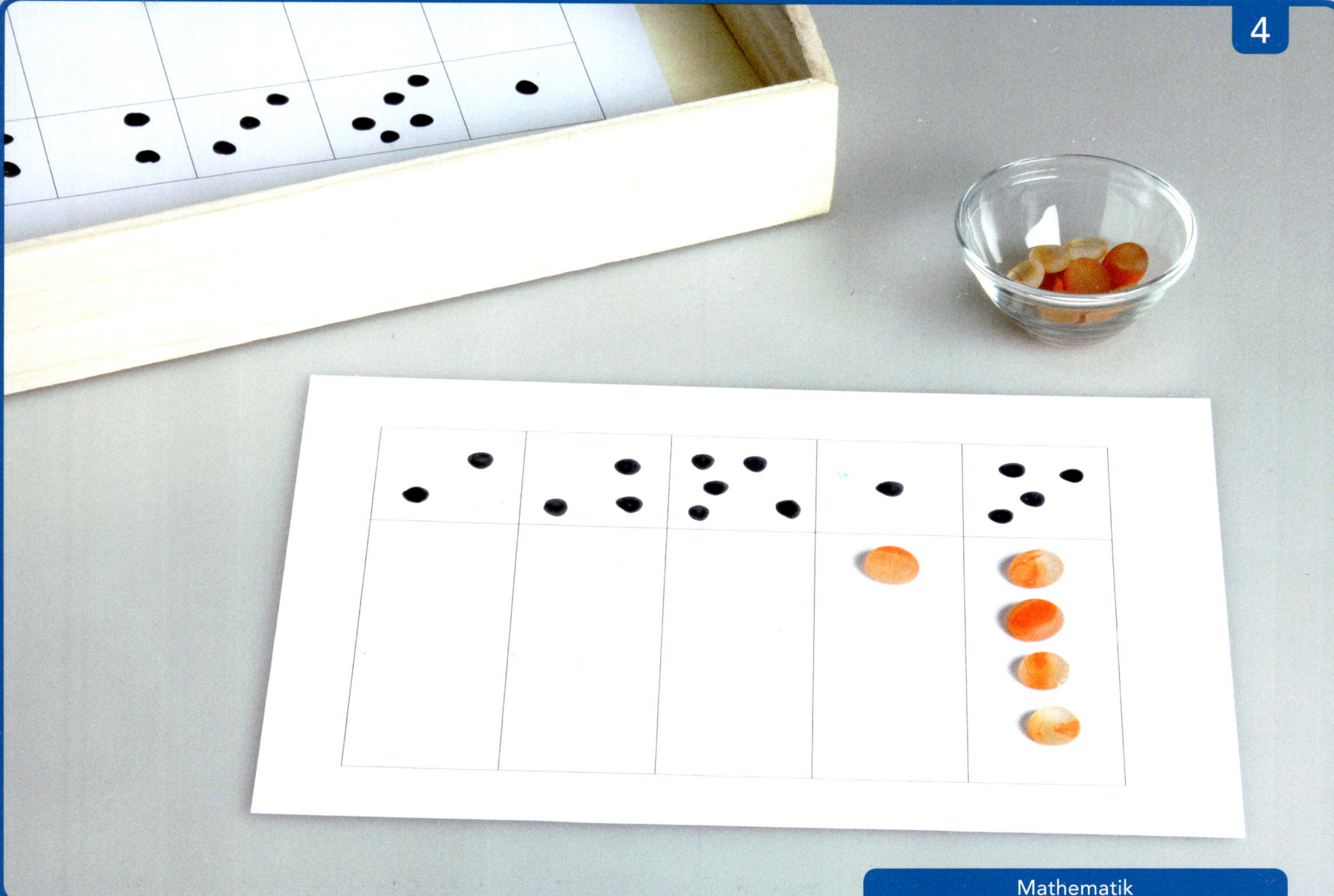

4 Wie viele sind's?

Anzahl der Kinder: 1 Kind selbstständig

Das fördern Sie: simultane Mengenerfassung, Zählen

Das brauchen Sie: DIN-A4-Blatt, 15 Legeplättchen (alternativ auch Knöpfe oder Glassteinchen), kleinen Behälter

Das müssen Sie vorbereiten: Zeichnen Sie Punkte von 1 bis 5, wie auf dem Foto zu sehen, als freie Mengen auf ein DIN-A4-Blatt. Laminieren Sie anschließend das Raster und legen Sie die Legeplättchen in den kleinen Behälter. Legen Sie alles bereit.

So geht es: Das Kind legt die gleiche Menge an Plättchen in das Feld neben der vorgegebenen Menge.

Selbstkontrolle: Die Selbstkontrolle besteht darin, dass die Steinchen beim richtigen Zuordnen genau ausreichen. Die Menge der gelegten Steinchen kann das Kind anschließend auch auf die Punkte des Rasters ordnen.

5

Mengen-Punkte-Legespiel

Anzahl der Kinder: 1 Kind selbstständig oder 2 Kinder

Das fördern Sie: Menge-Zahl-Verständnis, simultane Mengenerfassung, Würfelbilder kennen, Mengen erfassen/vergleichen, Muster vergleichen/Paare finden

Das brauchen Sie: Tonkarton, selbstklebende Filzgleiter oder Klettpunkte

Das müssen Sie vorbereiten: Schneiden Sie Kärtchen aus Tonkarton in ca. 8-x-8-cm-Quadrate. Bekleben Sie immer zwei Kärtchen mit der gleichen Menge an Filzgleitern. Dabei ordnen Sie die Filzpunkte einmal als Würfelbild und einmal als freie Menge an.

So geht es: Legen Sie alle Karten aufgedeckt hin. Die Aufgabe besteht darin, immer die gleiche Menge zu finden und Paare zu bilden.

Variante: Als Variante können Sie das Spiel nach den Regeln des bekannten Memory®-Spiels spielen lassen.

Tipp: Wenn Sie Punkte unterschiedlicher Größe aufkleben, wird es für die Kinder ein bisschen kniffliger.

  | Autorin: Petra Faßbender | ISBN 978-3-8346-3125-1 | www.verlagruhr.de

6

Was gehört wohin?

Anzahl der Kinder: 1 Kind selbstständig, ggf. eine Erzieherin zur Unterstützung

Das fördern Sie: abstraktes Formwissen, Formen sortieren/zuordnen, kategorisieren, Farbenkenntnis

Das brauchen Sie: 3–4 kleine Malstaffeleien ca. 12 cm hoch mit passenden Leinwänden (günstig in Geschenkeläden oder im Bastelbedarf erhältlich), Moosgummi in 5 Farben, Körbchen

Das müssen Sie vorbereiten: Schneiden Sie in jeder Farbe geometrische Formen aus (z. B. Dreieck, Kreis, Rechteck, Quadrat). Kleben Sie ein Sortiment einer Farbe auf die Mini-Leinwände. Die anderen Formen legen Sie in ein Körbchen und stellen alles bereit.

So geht es: Stellen Sie die Staffeleien mit den Leinwänden vor dem Kind auf. Nun sortiert das Kind die andersfarbigen Formen aus dem Körbchen nacheinander vor die richtige Staffelei. Beim Arbeiten kann das Kind die Form und die Farbe benennen („Ich nehme jetzt den blauen Kreis").

Tipp: Selbstverständlich können Sie dieses Tablett auch ohne die kleinen Staffeleien anbieten, aber es sieht besonders nett und motivierend für die Kinder aus.

7

4-mal Quadrat

Anzahl der Kinder: 1 Kind selbstständig oder 2 Kinder

Das fördern Sie: abstraktes Formwissen, Raum-Lage-Verständnis, Experimentierfreude, geometrische Erkenntnisse

Das brauchen Sie: Quadrat aus Kunststoff/Plastik von ca. 8–10 cm Seitenlänge als Vorlage, Moosgummi in vier Farben

Das müssen Sie vorbereiten: Schneiden Sie mithilfe der Vorlage ein Quadrat aus jeder Moosgummifarbe. Anschließend zerschneiden Sie die einzelnen Quadrate so wie auf dem Foto. Für die Variante stellen Sie das Set doppelt her.

So geht es: Im Prinzip haben Sie hier 4 kleine Puzzles, die das Kind legen kann. Durch die Farben ist die Zusammengehörigkeit der Teile gut zu erkennen.

Selbstkontrolle: Das Kind kann das Kunststoffquadrat zur Selbstkontrolle nutzen. Dazu legt es das Quadrat auf sein fertiges Puzzle.

Variante: Aus den verschiedenen Formen können außer Quadraten natürlich auch eigene Muster und Figuren gelegt werden. So kann auch ein Kind ein Muster legen und das andere Kind das Muster nachbauen.

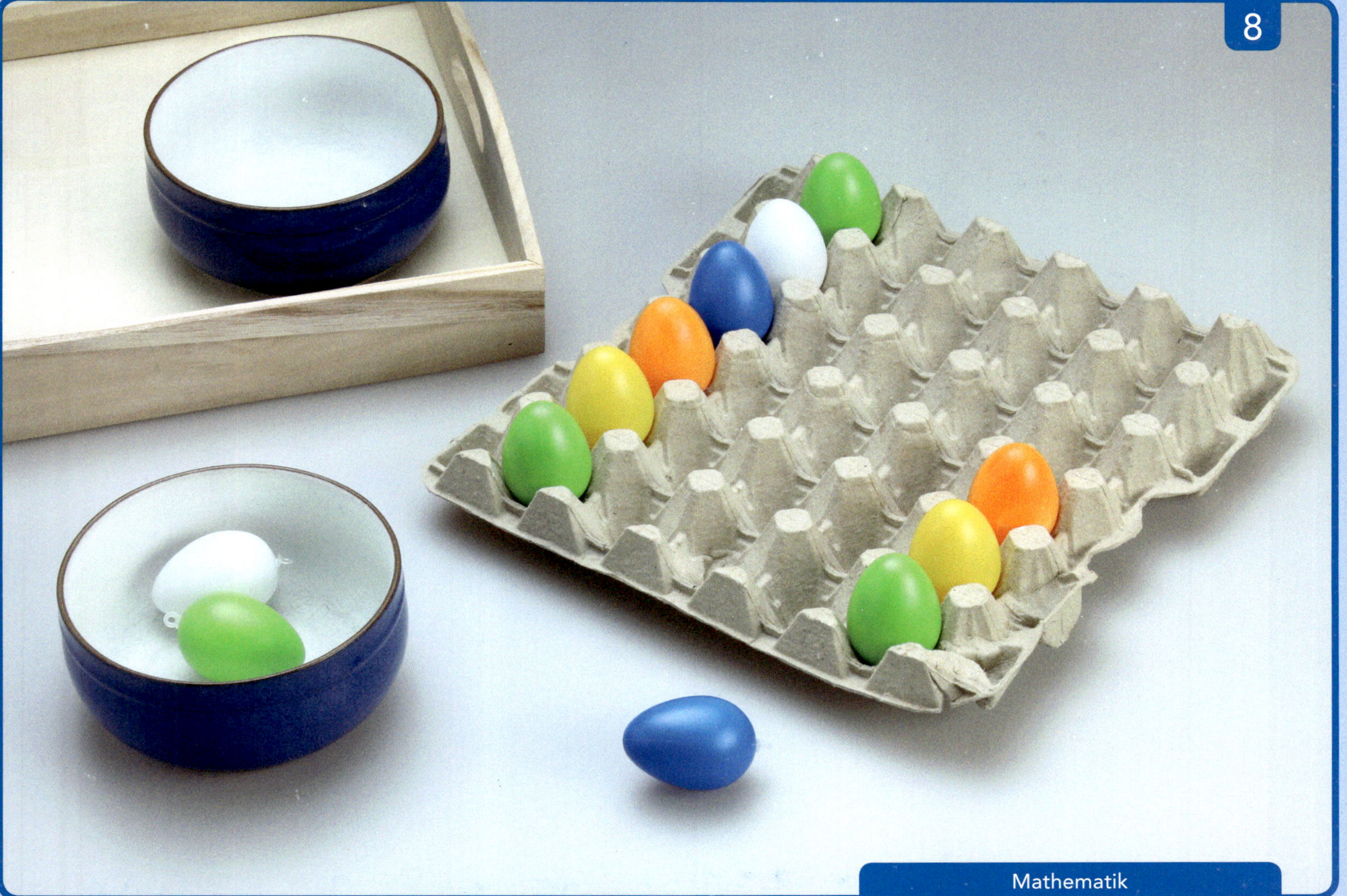

8 Bunte Eierkette

Anzahl der Kinder: 2 Kinder

Das fördern Sie: Farbenkenntnis, Zählen, Muster nachlegen, eigene Muster kreieren, Konzentration

Das brauchen Sie: farbige Plastikeier in doppelter Ausführung, 2 Körbchen, große Eierpalette

Das müssen Sie vorbereiten: Sortieren Sie die Plastikeier in gleicher Menge und Farbe in die beiden Körbchen. Anschließend arrangieren Sie die Körbchen und den Eierkarton auf einem Tablett.

So geht es: Jedes Kind hat ein Körbchen mit Eiern vor sich. Nun legt das beginnende Kind eine Kombination von Eiern in den Karton, wobei Farbe und Position selbst bestimmt werden. Die Aufgabe des Spielpartners besteht nun darin, die gelegte Kombination genau nachzubauen.
Anschließend wird gewechselt und der „Nachbauer" wird Konstrukteur.

9 Schau genau und bau!

Anzahl der Kinder: 1–2 Kinder

Das fördern Sie: Raum-Lage-Verständnis, Muster nachlegen, eigene Muster kreieren, Experimentierfreude, visuelle Wahrnehmung

Das brauchen Sie: bunte Bau-Stäbchen in doppelter Ausführung, 1–2 Körbchen, ggf. laminierte Fotos gelegter Muster

Das müssen Sie vorbereiten: Legen Sie Muster aus den bunten Stäbchen, die Sie fotografieren, drucken und laminieren. Stellen Sie die bunten Stäbchen in einem Körbchen bereit und legen Sie die laminierten Vorlagen dazu. Teilen Sie ggf. die Bau-Stäbchen gleichmäßig auf die beiden Körbchen auf.

So geht es: Das Kind nimmt eines der von Ihnen erstellten Fotos und versucht, das Muster mit den Stäbchen genau nachzubauen. Wenn 2 Kinder zusammen spielen, erfindet ein Kind ein Bauwerk und das andere Kind versucht, dieses genau nachzubauen.

Variante: Die beiden Spielpartner können auch unabhängig voneinander eigene Bauwerke erfinden und anschließend dem anderen berichten, was sie konstruiert/erfunden haben.

  | Autorin: Petra Faßbender | ISBN 978-3-8346-3125-1 | www.verlagruhr.de

10 Socken sortieren

Anzahl der Kinder: 1 Kind selbstständig

Das fördern Sie: visuelle Wahrnehmung, Muster vergleichen/Paare finden, Konzentration, Größen vergleichen

Das brauchen Sie: mehrere Strumpfpaare, Körbchen

Das müssen Sie vorbereiten: Legen Sie die Strumpfpaare unsortiert in das Körbchen.

So geht es: Das Kind findet aus der Menge der Strumpfpaare immer 2 gleiche und steckt diese ineinander oder legt sie vor sich nebeneinander ab. Besonders im Falle eines sehr kleinen Unterschiedes muss das Kind genau hinschauen.

Tipp: Wählen Sie auch Sockenpaare, die sich nur in der Größe unterscheiden.

Variante: Wenn Sie nicht genügend Sockenpaare haben, können Sie auch Stoffquadrate zurechtschneiden. Diese ergeben zusammengelegt ein hübsches Mosaikmuster.

 | Autorin: Petra Faßbender | ISBN 978-3-8346-3125-1 | www.verlagruhr.de

11 Knöpfe sortieren

Anzahl der Kinder: 1 Kind selbstständig

Das fördern Sie: Formen/Farben sortieren, visuelle Wahrnehmung, Kategorisieren, Konzentration

Das brauchen Sie: eine bunte Sammlung unterschiedlicher Knöpfe

Das müssen Sie vorbereiten: Bitte achten Sie darauf, dass die Knöpfe-Sammlung auch gleiche Modelle enthält, die jeweilige Anzahl spielt keine große Rolle.

So geht es: Das Kind sortiert die Knöpfe nach ihrem Typ, es muss dabei kategorisieren und natürlich auch genau hinschauen. Die Kinder können sich auch eigene Sortierkriterien überlegen (Farbe, Größe, Form …).

✓ **Tipp:** Bieten Sie dem Kind ein Deckchen oder eine Moosgummiunterlage an, dann bleiben die Knöpfe besser liegen.

Variante: Das Kind kann mit den Knöpfen ein Bild oder ein Mandala legen.

12 Von klein nach groß – und los!

Anzahl der Kinder: 1 Kind selbstständig

Das fördern Sie: visuelle Wahrnehmung, Kategorisieren, Konzentration, Größen vergleichen

Das brauchen Sie: 40 Muttern in mehreren Größen, Tablett mit passender Unterteilung, alternativ ein Tablett und mehrere kleinere Kästchen

Das müssen Sie vorbereiten: Legen Sie die Muttern unsortiert in das größte Fach oder Kästchen.

So geht es: Die Aufgabe besteht darin, die Muttern nach ihrer Größe zu sortieren. Das Kind muss Vergleiche anstellen und Kategorien bilden: klein – größer – groß – am größten, es ordnet und sortiert.

13 Schütt hinein – Kann das sein?

Anzahl der Kinder: 1 Kind selbstständig

Das fördern Sie: Experimentierfreude, visuelle Wahrnehmung, Volumen vergleichen

Das brauchen Sie: verschiedenartige, durchsichtige Behälter, farbiges Klebeband, gesiebter Vogelsand

Das müssen Sie vorbereiten: Zuerst füllen Sie eine selbst bestimmte Menge Sand in einen Behälter. Jetzt markieren Sie die Füllhöhe mit dem Klebeband, sodass der obere Rand mit dem Sand abschließt. Schütten Sie den Sand nun in den zweiten Behälter. Kennzeichnen Sie auch diese Füllhöhe mit Klebeband. Verfahren Sie mit jedem weiteren Behälter genauso.

So geht es: Das Kind schüttet den Sand von Behälter zu Behälter. Beim Umschütten wird dem Kind deutlich, dass eine gleiche Menge Sand eine scheinbar unterschiedliche Füllhöhe haben kann. Ist in Behälter 1 wirklich genauso viel drin wie in Behälter 2?

Varianten:

* Sie können auch die Kinder die Füllhöhe selbst mit Klebeband markieren lassen oder es gemeinsam tun.
* Sie können den Sand auch durch gefärbtes Wasser ersetzen.
* Mogeln Sie ein falsch markiertes Glas unter die Behälter.

  | Autorin: Petra Faßbender | ISBN 978-3-8346-3125-1 | www.verlagruhr.de

CANTINE

14 Bügelwaage

Anzahl der Kinder: 1 Kind selbstständig

Das fördern Sie: simultane Mengenerfassung, Experimentierfreude, Gewichte vergleichen, Zählen, Mengen erfassen und vergleichen, Konzentration

Das brauchen Sie: Kleiderbügel, schmalen Papierstreifen, 2 durchsichtige Plastikbecher, Biegedraht, mehrere Korken, Klebeband

Das müssen Sie vorbereiten: Basteln Sie mit dem Biegedraht eine Aufhängung für die beiden Plastikbecher. Bündeln Sie mit dem Klebeband verschiedene Mengen der Korken zusammen (2er-Mengen und, wenn Sie möchten, auch 3er- und 4er-Mengen). Kleben Sie in die Mitte des Bügels einen Papierstreifen. Nun hängen Sie die Waage so an die Wand, dass sie dabei beweglich bleibt. Dafür brauchen Sie ein bisschen Abstand zur Wand. Anschließend bringen Sie einen zweiten Papierstreifen an der Wand an: Die Papierstreifen von Bügel und Wand müssen übereinanderstehen und verschieben sich nun bei ungleichen Mengen auseinander.

So geht es: Was ist gleich, was ist mehr oder weniger? Das Kind macht mathematische Erfahrungen: Lege ich in einen Becher einen Korken und noch einen dazu, dann lege ich in den anderen einen 2er-Korken und sehe, dass diese gleich schwer sind: 1 + 1 = 2.

15 Bunter Teppich

Anzahl der Kinder: 1 Kind selbstständig

Das fördern Sie: Zählen, eigene Muster kreieren, logische Folgen erkennen und fortsetzen, visuelle Wahrnehmung, Konzentration

Das brauchen Sie: DIN-A5-Blätter mit einem Gitter (z. B. Rechenheft mit der Lineatur R), Malstifte

Das müssen Sie vorbereiten: Legen Sie alle Materialien auf ein Tablett. Am besten malen Sie bereits 2 Beispiel-Teppiche, um zu zeigen, wie ein Muster aussehen könnte.

So geht es: Das Kind kann seinen „Teppich" nach eigenen Vorstellungen anmalen. Ein Muster, eine Reihenfolge, eine Wiederholung in bestimmtem Rhythmus fördert erste mathematische Erfahrungen.

16 Was kommt jetzt?

Anzahl der Kinder: 1 Kind und Erzieherin oder 2 Kinder

Das fördern Sie: logische Folgen erkennen und fortsetzen, abstraktes Formwissen, visuelle Wahrnehmung, Konzentration/Merkfähigkeit

Das brauchen Sie: Moosgummi in verschiedenen Farben, Formvorlagen

Das müssen Sie vorbereiten: Schneiden Sie aus Moosgummi viele Formen in verschiedenen Farben aus (Dreieck, Rechteck, Kreis, Quadrat …) und legen Sie die fertigen Formen bereit.

So geht es: Sie legen eine bestimmte Reihe von Formen auf den Tisch. Ab einer gewissen Form muss sich die Reihenfolge wiederholen. Legen Sie nach 2–3 Wiederholungen nur noch die erste Form an. Jetzt hat das Kind die Aufgabe, die Reihenfolge weiterzulegen. Erkennt es eine logische Formenfolge?

Tipp: Zu Beginn sollten Sie eine leichtere Folge legen, z.B. rot – rot – grün oder rot – grün – blau. Hat das Kind das System verstanden, können Sie den Schwierigkeitsgrad beliebig steigern.

Variante: Alternativ können Sie bunte Glassteine verwenden, um eine Farbkombination zu legen.

17 Schnipp – und ab!

Anzahl der Kinder: 1 Kind

Das fördern Sie: Krafteinsatz/Kräftigung der Handmuskulatur, Umgang mit der Schere, Geschicklichkeit, Auge-Hand-Koordination

Das brauchen Sie: Papier, Lineal, Kästchen für Streifen, Auffanggefäß für Schnipsel, Kinderschere

Das müssen Sie vorbereiten: Schneiden Sie aus einem Papier dünne Streifen (ggf. ziehen Sie vorher Linien mit einem Lineal als Markierung). Richten Sie nun das Kästchen mit den Streifen, den Auffangbehälter und die Schere auf einem Tablett an.

So geht es: Das Kind wählt einen Papierstreifen und schneidet entlang der vorgezeichneten Linie. Beim Papierstreifen ohne Markierung wählt das Kind die Abstände selbst. Vor allem Kinder, die das Schneiden erst neu entdeckt haben, greifen sehr gern zu diesem Tablett.

Tipps:

* Papierstreifen aus dünnem Karton sind besonders für Schneideanfänger etwas handlicher.
* Die Markierungen auf den Streifen können Sie im Schwierigkeitsgrad gut variieren (größere Abstände, enge Abstände, wellige Linien …).

Variante: Die geschnittenen Papierstückchen kann das Kind später als Mosaikbild aufkleben.

18 Schleifenkiste

Anzahl der Kinder: 1 Kind selbstständig oder mit Erzieherin

Das fördern Sie: Geschicklichkeit, Schleife binden, visuelle Wahrnehmung, Auge-Hand-Koordination

Das brauchen Sie: Schuhkarton o. Ä., Geschenkpapier, 2 etwas dickere Schnürsenkel oder Bänder

Das müssen Sie vorbereiten: Packen Sie den Karton ein, damit er hübscher aussieht. Legen Sie dann die Schnürsenkel um das Paket, verknoten Sie sie ggf. mit einem Doppelknoten.

So geht es: Zeigen Sie dem Kind an diesem Karton, wie man eine Schleife bindet. Durch Beobachtung und Nachahmung lernt das Kind es Schritt für Schritt. Sowohl der Karton als auch die dickeren Schnüre erleichtern diese Aufgabe im Vergleich zum Schuh.

Tipp: Meistens beherrscht das Kind den Knoten bereits oder lernt diesen sehr schnell. Diesen ersten Schritt können Sie dann überspringen und die Schnürsenkel mit einem Doppelknoten fixieren, dies erleichtert ebenfalls das eigentliche Erlernen der Schleife.

19 Rapunzelzopf

Anzahl der Kinder: 1 Kind selbstständig oder mit Erzieherin

Das fördern Sie: Geschicklichkeit, Flechten, Auge-Hand-Koordination

Das brauchen Sie: 1 Klemmbrett, 3 dicke, verschiedenfarbige Kordeln

Das müssen Sie vorbereiten: Die Kordeln können Sie beispielsweise mit einer Strickliesel anfertigen. Spannen Sie sie an der Klemmvorrichtung ein und flechten Sie ein kleines Stück vor, damit dem Kind der Anfang erleichtert wird.

So geht es: Das Klemmbrett ermöglicht es dem Kind, ganz selbstständig zu arbeiten. Durch die verschiedenen Farben der Kordel verdeutlichen Sie dem Kind den Flechtvorgang und können es so verbal auch besser unterstützen.

  | Autorin: Petra Faßbender | ISBN 978-3-8346-3125-1 | www.verlagruhr.de

20 Sandzeichen

Anzahl der Kinder: 1 Kind selbstständig

Das fördern Sie: visuelle und taktile Wahrnehmung, Auge-Hand-Koordination, Zeichen malen

Das brauchen Sie: gesiebten Vogelsand, extra Tablett, Papierkärtchen, schwarzen Stift, Kästchen für Karten

Das müssen Sie vorbereiten: Malen Sie auf die Papierkärtchen unterschiedliche Zeichen auf und laminieren Sie diese anschließend. Legen Sie die Kärtchen in ein Kästchen. Bedecken Sie das Tablett leicht mit Vogelsand.

So geht es: Das Kind sucht sich eine Karte aus und legt sie neben das Sand-Tablett. Nun malt es das Symbol in den Sand. Gern kann das Kind zuerst die Linie auf der Karte mit dem Finger nachfahren und gewinnt so an Sicherheit, die Form in den Sand zu übertragen.

Variante: Sie können statt der Kärtchen dem Kind auch das Zeichen auf den Rücken malen. So muss es die Form genau erspüren und sie anschließend selbst in den Sand malen.

21 Biegezeichen

Anzahl der Kinder: 1 Kind selbstständig

Das fördern Sie: Krafteinsatz, visuelle und taktile Wahrnehmung, Geschicklichkeit, Auge-Hand-Koordination

Das brauchen Sie: Kärtchen mit verschiedenen Schrift- oder Fantasiezeichen (laminiert), dicke Pfeifenputzer, Tablett

Das müssen Sie vorbereiten: Malen Sie auf die Papierkärtchen unterschiedliche Zeichen auf und laminieren Sie diese anschließend. Legen Sie die Utensilien auf das Tablett.

So geht es: Das Kind sucht sich eine Karte aus und versucht nun, die Abbildung mit dem Pfeifenputzer nachzubiegen.

22 Blau zu Blau

Anzahl der Kinder: 2–4 Kinder, ggf. 1 Kind selbstständig

Das fördern Sie: Kräftigung der Handmuskulatur, Farben zuordnen und benennen, Sortieren, Auge-Hand-Koordination, Stifthaltung

Das brauchen Sie: Tonpapier in 4–5 Farben, Wäscheklammern in den Farben des Tonpapiers, Klammerbehälter, passenden Farbwürfel, Tablett

Das müssen Sie vorbereiten: Fertigen Sie 4 Spielkarten mit den Farben des Tonpapiers an, indem Sie Streifen in den verschiedenen Farben nebeneinanderkleben. Anschließend kennzeichnen Sie die Karten mit schwarzen Punkten und laminieren diese.

So geht es: Es wird reihum gewürfelt. Hat das Kind eine Farbe gewürfelt, steckt es, entsprechend der Farbe, eine Klammer an den schwarzen Punkt auf der Steckkarte. Haben Sie mehr Farben auf dem Würfel als auf der Karte, vereinbaren Sie als Regel einmal „aussetzen" und/oder einmal „freie Wahl". Wer zuerst seine Karte komplett gesteckt hat, ist Gewinner!
Durch das Zusammendrücken der Klammern wird die Muskulatur für den Pinzettengriff aufgebaut.

Variante: Ein Kind kann sich auch allein damit beschäftigen, die Wäscheklammern an den richtigen Farben zu befestigen.

Feinmotorik

23 1 – 2 – 3, bunte Eier in die Reih!

Anzahl der Kinder: 1 Kind selbstständig

Das fördern Sie: Krafteinsatz/Kräftigung der Handmuskulatur, Geschicklichkeit, Muster legen, Auge-Hand-Koordination, Farben benennen

Das brauchen Sie: Plastikeier in unterschiedlichen Farben, Nudelzange, Eierkarton (Palette), Behälter für die Plastikeier

Das müssen Sie vorbereiten: Arrangieren Sie alle Utensilien auf dem Tablett.

So geht es: Das Kind greift mit der Zange jeweils ein Ei und setzt es in den Eierkarton hinein. Dabei sollte es das Ei sicher in eine Vertiefung einsetzen, ohne dass das Ei vorher hinunterfällt. Das Kind kann die Eier willkürlich in die Vertiefungen setzen. Es kann sich aber auch ein bestimmtes Muster ausdenken.

Varianten:

* Als Variante können Sie auch eine Kelle oder eine Grillzange zum Transport anbieten.
* Noch kniffliger wird es, wenn Sie Würfel oder im Herbst Kastanien oder Eicheln anbieten.

24 Minitransport

Anzahl der Kinder: 1 Kind selbstständig

Das fördern Sie: Krafteinsatz, Kräftigung der Handmuskulatur, Geschicklichkeit, Auge-Hand-Koordination, Pinzettengriff/Stifthaltung, Farben zuordnen und benennen

Das brauchen Sie: 4 kleine Plastikbehälter oder Gläser, Bügelperlen in 4 Farben (ca. 20 Stück je Farbe), Kästchen für die Bügelperlen, Pinzette

Das müssen Sie vorbereiten: Geben Sie alle Perlen gemischt in das vorgesehene Kästchen und richten Sie alle Utensilien auf einem Tablett an. Zur besseren Orientierung können Sie in jeden Plastikbehälter vorab schon mal eine Perle legen.

So geht es: Das Kind sortiert mit der Pinzette die Bügelperlen nach Farbe in die einzelnen Behälter. Viele Kinder lieben dieses Tablett, weil sie ein natürliches Bedürfnis haben, zu sortieren und Ordnung zu machen.

25 Ringeling

Anzahl der Kinder: 1 Kind selbstständig

Das fördern Sie: Kräftigung der Handmuskulatur, Geschicklichkeit, Auge-Hand-Koordination, Größen vergleichen, Pinzettengriff

Das brauchen Sie: Schrauben in verschiedenen Größen, Unterlegscheiben im entsprechenden Durchmesser, passende Muttern für die Schrauben, Tablett

Das müssen Sie vorbereiten: Geben Sie alle Schrauben, Unterlegscheiben und Muttern auf das Tablett. Gern können Sie die Schrauben und die Unterlegscheiben in getrennten kleinen Kästchen auf dem Tablett sortiert anbieten.

So geht es: Das Kind sortiert die Unterlegscheiben auf die passenden Schrauben. Anschließend dreht es die passende Mutter darauf.

Selbstkontrolle: Die Selbstkontrolle ist durch das Material gegeben, denn nur die passende Unterlegscheibe sitzt ohne „Luft“ an der Schraube und nur die passende Mutter lässt sich auf die Schraube drehen und am Ende ist keine Schraube/Unterlegscheibe/Mutter mehr übrig.

26 Schatzkiste

Anzahl der Kinder: 1 Kind selbstständig, ggf. mit Erzieherin

Das fördern Sie: Kräftigung der Handmuskulatur, Geschicklichkeit, visuelle und taktile Wahrnehmung

Das brauchen Sie: mit gesiebtem Vogelsand gefüllte Schatzkiste, verschiedene kleine Gegenstände, laminierte Fotos der ausgewählten Gegenstände

Das müssen Sie vorbereiten: Fotografieren Sie alle ausgewählten Gegenstände und laminieren Sie die Fotos. Befüllen Sie die Schatzkiste ausreichend mit Sand, dann verstecken Sie die Gegenstände in der Schatzkiste. Stellen Sie die Schatzkiste und die Fotos auf dem Tablett bereit.

So geht es: Zuerst breiten Sie die Fotos auf dem Tisch aus. Das Kind erfühlt nun einen Gegenstand in der Schatzkiste und benennt ihn zuerst, bevor es ihn anschaut, und/oder zeigt auf das entsprechende Foto. Dann legt das Kind den Gegenstand zum richtigen Bild.

Tipp: Damit das Kind den Gegenstand beim Erfühlen nicht zu schnell sieht, können Sie ein Tuch zum Abdecken der Schatzkiste benutzen.

M
Z
N
E
I
L

27 Buchstabenkasten

Anzahl der Kinder: 1 Kind selbstständig

Das fördern Sie: phonologische Bewusstheit, Wortschatzarbeit, Buchstabenwissen, Anlaute hören, Buchstaben zuordnen/wiedererkennen, Sensibilisierung für abstrakte Zeichen

Das brauchen Sie: Schubladenkasten mit 6 Schubladen, Holztiere, deren Anlaut gut zu hören ist, Kopiervorlage Buchstabenkärtchen

Das müssen Sie vorbereiten: Bekleben Sie die 6 Schubladen mit jeweils einem Anlaut und stellen Sie neben dem Schubladenkasten Holztiere bereit, die sich diesen Anlauten zuordnen lassen.

So geht es: Das Kind sucht sich ein Tier aus und benennt es. Hat es den Anlaut erkannt, legt es das Tier in die Schublade mit dem entsprechenden Buchstaben hinein.

Tipp: Zum Einsortieren in die Schubladen können Sie natürlich auch andere Gegenstände anbieten.

Variante: Für Kinder, die die Buchstaben noch nicht kennen, können Sie auch Bilder von Tieren/Gegenständen mit dem gesuchten Anlaut auf die Schubladen kleben.

 | | Autorin: Petra Faßbender | ISBN 978-3-8346-3125-1 | www.verlagruhr.de

G
J
V
U
T
O
B
E
S
S
A
A

28 Buchstaben-Memo

Anzahl der Kinder: ab 2 Kinder

Das fördern Sie: Buchstabenwissen, Merkfähigkeit, visuelle Wahrnehmung, Sensibilisierung für abstrakte Zeichen, Buchstaben wiedererkennen

Das brauchen Sie: Kopiervorlage Buchstabenkärtchen, Körbchen

Das müssen Sie vorbereiten: Kopieren Sie sich 2-mal die Buchstabenkarten und laminieren und zerschneiden Sie die Karten. Legen Sie einige ausgewählte Kartenpaare in ein Körbchen oder auf ein Tablett.

So geht es: Das Spiel wird nach den Regeln des üblichen Memory®-Spiels gespielt.

Variante: Bei einer leichteren Variante verteilen die Kinder alle Karten aufgedeckt auf dem Tisch. Abwechselnd suchen die Kinder 2 gleiche Buchstabenkärtchen aus dem „Buchstabensalat" heraus. Gemeinsam können die Kinder überlegen, welches Wort mit diesem Buchstaben beginnt.

E
S
U

29 Was steckt drin?

Anzahl der Kinder: 1 Kind selbstständig oder mit Erzieherin

Das fördern Sie: Buchstabenwissen, visuelle und taktile Wahrnehmung, Sensibilisierung für abstrakte Zeichen, Buchstaben zuordnen und wiedererkennen, Feinmotorik

Das brauchen Sie: Holzbuchstaben, Kopiervorlage Buchstabenkärtchen, Säckchen

Das müssen Sie vorbereiten: Kopieren Sie sich die Buchstabenkärtchen, laminieren Sie sie und schneiden sie aus. Legen Sie einige Holzbuchstaben in das Säckchen und legen Sie die entsprechenden Kärtchen daneben bereit. Sie sollten nicht das ganze Alphabet auf einmal anbieten, da das das Kind überfordern würde.

So geht es: Das Kind legt alle Buchstabenkarten auf den Tisch. Nun erfühlt es im Säckchen einen Buchstaben und benennt ihn (wenn es das schon kann). Dann legt es ihn zum richtigen Kärtchen. Kennt das Kind noch nicht die Namen der Buchstaben, so kann es die Form erfühlen und, ohne in das Säckchen zu sehen, auf die Karte zeigen, die es meint, erfühlt zu haben.

Variante: Kennt das Kind die Buchstaben, so kann es einen ganz bestimmten Buchstaben erfühlen („Suche mir zuerst das ‚A'!").

30 Reime

Anzahl der Kinder: 1 Kind selbstständig

Das fördern Sie: phonologische Bewusstheit, Wortschatzarbeit

Das brauchen Sie: mehrere Kärtchen mit Bildern, die sich reimen, bunte Punkte, Tablett

Das müssen Sie vorbereiten: Nehmen Sie unterschiedliche Bilder mit Reimen. Kleben (oder malen) Sie jeweils unter ein Reimpaar einen Punkt in gleicher Farbe.

So geht es: Das Kind legt die Reimpaare mit dem Bild nach oben gemischt vor sich hin. Nun sucht es sich eine Karte aus und findet durch lautes Sprechen das richtige Reimwort. Dann legt es das Reimpaar nebeneinander.
Es spielt so lange, bis es alle Reime gefunden hat.

Selbstkontrolle: Die Selbstkontrolle bieten die bunten Punkte unter den Karten, die dem Kind zeigen, ob das Paar zusammengehört.

Variante: Die Kärtchen können auch in kleinen, durchsichtigen Döschen präsentiert werden, das macht es für die Kinder besonders ansprechend und „greifbar".

ANTON
CASPER
JULE
GRETE
G R E T E

31 Namenpuzzle

Anzahl der Kinder: 1 Kind selbstständig

Das fördern Sie: Buchstabenwissen, visuelle Wahrnehmung, Buchstaben zuordnen und wiedererkennen, phonologische Bewusstheit, Sensibilisierung für abstrakte Zeichen

Das brauchen Sie: verschließbare, kleine Kästchen, Namen der Kinder je 2-mal geschrieben oder ausgedruckt, ggf. Kopiervorlage Buchstabenkärtchen

Das müssen Sie vorbereiten: Drucken Sie die Namen der Kinder aus und kleben Sie sie auf verschließbare Döschen. In das Döschen legen Sie die Buchstaben des Namens. Wenn Sie die Kopien der Buchstabenkarten etwas schmaler schneiden, passen sie in eine Streichholzschachtel.

So geht es: Das Kind sucht sich ein Namenskästchen aus und legt mit den einzelnen Buchstabenkärtchen den Namen richtig zusammen. Es kann sich hierbei am Schriftbild auf dem Deckel orientieren.

Tipp: Zusätzlich können Sie ein Foto des Kindes auf das Kästchen kleben. So weiß das Kind ganz sicher, welchen Namen es puzzelt.

Selbstkontrolle: Durch das Schriftbild auf dem Kästchendeckel kann das Kind sich selbst kontrollieren.

32 Sand-Buchstaben

Anzahl der Kinder: 1 Kind selbstständig

Das fördern Sie: Buchstabenwissen, visuelle und taktile Wahrnehmung, Auge-Hand-Koordination, Zeichen malen

Das brauchen Sie: gesiebten Vogelsand, kleines Tablett, Buchstaben aus Sandpapier oder feiner Wellpappe, 10 Holzbrettchen (z.B. dünnes Leimholz, Bastelholz, ca. 15 x 11 cm) oder Tonkarton

Das müssen Sie vorbereiten: Bekleben Sie die Holzbrettchen oder Tonkarton-Karten mit den Buchstaben aus Sandpapier oder feiner Wellpappe. Bedecken Sie das kleine Tablett leicht mit Vogelsand.

So geht es: Das Kind sucht sich eine Karte aus und legt sie neben das Sand-Tablett. Nun fährt das Kind den Buchstaben zunächst auf der gut fühlbaren Wellpappe oder dem Sandpapier nach. Dann kann es die Form in den Sand übertragen.

Variante: Sie können statt der Kärtchen dem Kind auch das Zeichen auf den Rücken malen. So muss es die Form genau erspüren und sie anschließend selbst in den Sand malen.

33 Buchstaben kneten

Anzahl der Kinder: 1 Kind selbstständig

Das fördern Sie: Buchstabenwissen, Feinmotorik, Krafteinsatz/Kräftigung der Handmuskulatur, Anlaute hören, visuelle und taktile Wahrnehmung

Das brauchen Sie: Knetmasse, evtl. eine Unterlage zum Kneten, Tablett oder Schale, evtl. Kopiervorlage Buchstabenkarten

Das müssen Sie vorbereiten: Stellen Sie die Knete in einer Schale und eine Unterlage bereit.

So geht es: Das Kind formt aus einem Stück Knete eine lange Schlange. Damit kann es dann die verschiedenen Buchstaben legen. Besonderen Spaß macht es dem Kind vielleicht, den eigenen Namen oder kleine Wörter, wie „Mama“, zu kneten.

Tipps:
- Beschränken Sie sich zunächst auf Großbuchstaben.
- Zur visuellen Hilfe kann das Kind Buchstabenkarten bekommen.

Varianten:
- Als Variante kann das Kind auch den Anlaut eines Wortes kneten.
- Das Gleiche kann selbstverständlich auch auf Zahlen ausgeweitet werden.

 | | Autorin: Petra Faßbender | ISBN 978-3-8346-3125-1 | www.verlagruhr.de

34 Buchstabenwürfel

Anzahl der Kinder: 1 Kind selbstständig

Das fördern Sie: Buchstabenwissen, Buchstaben zuordnen und wiedererkennen, Feinmotorik, Krafteinsatz/Kräftigung der Handmuskulatur

Das brauchen Sie: kleine Buchstabenwürfel (z. B. Kiga-Bedarf), von 4 unterschiedlichen Buchstaben jeweils ca. 15 Stück, 4 kleine Kästchen, Pinzette, flache Schale

Das müssen Sie vorbereiten: Kennzeichnen Sie die 4 Kästchen zum Hineinsortieren mit dem entsprechenden Buchstaben, der hineingelegt werden soll. Geben Sie alle Buchstabenwürfel gemischt in die flache Schale und stellen Sie alles bereit.

So geht es: Das Kind greift mit der Pinzette die einzelnen Buchstabenwürfel und sortiert sie in die entsprechenden Kästchen.

35 Magnetfischen

Anzahl der Kinder: 1 Kind selbstständig

Das fördern Sie: physikalische Erkenntnisse, Feinmotorik, Geschicklichkeit, Materialerfahrung

Das brauchen Sie: mit gesiebtem Vogelsand gefüllter Behälter (etwas höher), verschiedene magnetische Gegenstände, Stabmagnet, ggf. Sammelbehälter für gefundene Schätze

Das müssen Sie vorbereiten: Verstecken Sie die magnetischen Gegenstände im Sandbehälter. Legen Sie den Stabmagneten, den Sandbehälter und den Sammelbehälter bereit.

So geht es: Mit dem Stabmagneten durchsucht das Kind den Sand und findet die Gegenstände. Diese legt es nach und nach in den Sammelbehälter oder auf das Tablett. Zur Motivation können Sie beispielsweise einen Suchauftrag an das Kind erteilen: „Finde 5 kleine Scheiben!"

36 Stäbchenbilder

Anzahl der Kinder: 1 Kind selbstständig oder 2 Kinder

Das fördern Sie: Muster legen, abstraktes Formwissen, Kreativität, geometrische Erkenntnisse, Raum-Lage-Verständnis, Feinmotorik, Geschicklichkeit

Das brauchen Sie: bunte Holzstäbchen (ähnlich Eisstielen, wie man sie im Bastelbedarf bekommt), alternativ eine Schachtel Streichhölzer, laminierte Fotos von gelegten Mustern, ggf. 2 Körbchen

Das müssen Sie vorbereiten: Legen Sie die Materialien bereit und fotografieren Sie eigene Muster, die Sie anschließend ausdrucken und laminieren.

So geht es: Das Kind kann mit den Hölzern die Vorlagen genau nachbauen. Es darf aber auch frei gestalten und es entstehen kreative Bilder.

Variante: Bei einem Nachbauspiel legt Spieler 1 ein Bild und Spieler 2 baut es genau nach, dann wird gewechselt.

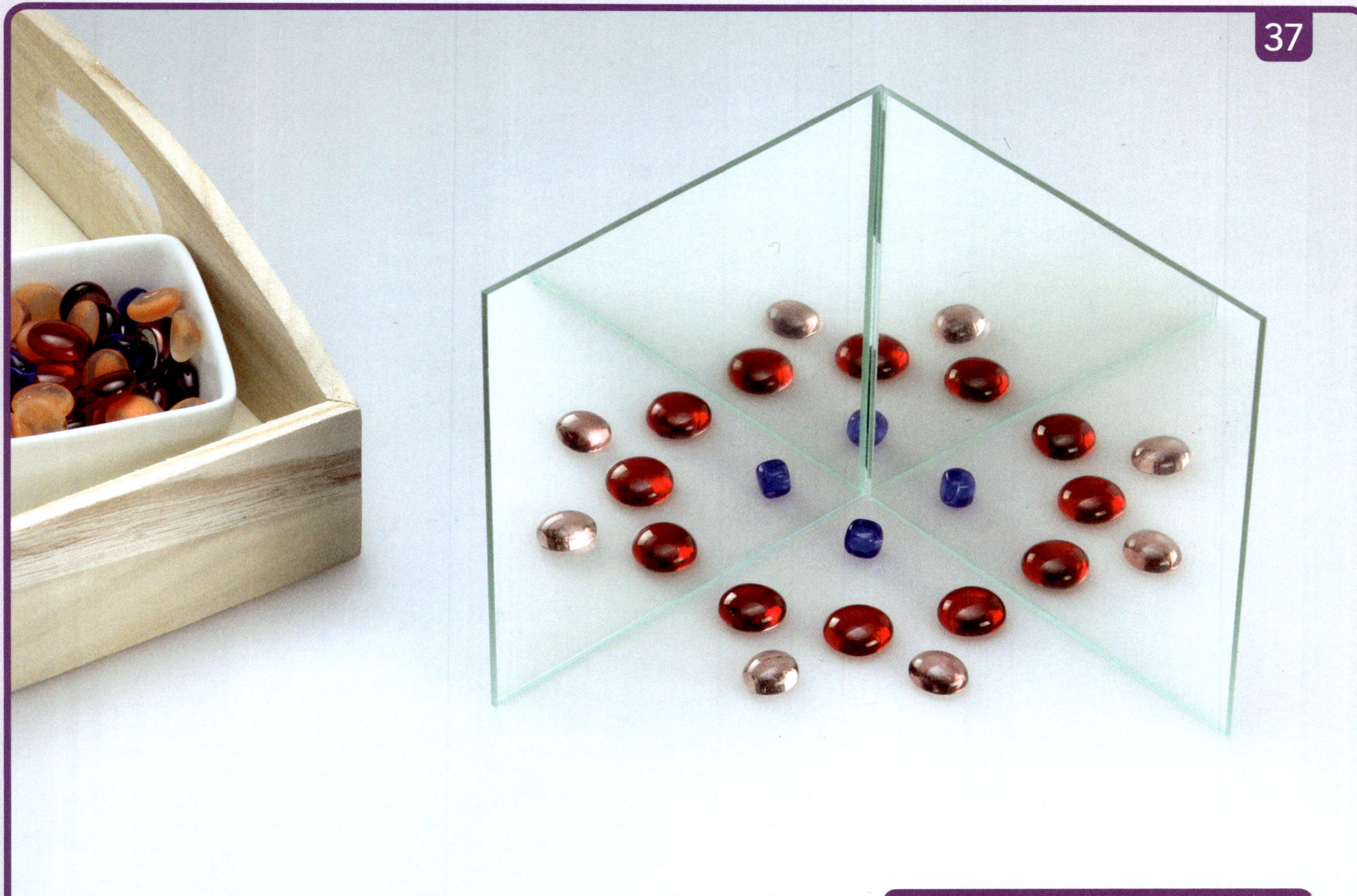

37 Spieglein – Spieglein

Anzahl der Kinder: 1 Kind selbstständig

Das fördern Sie: geometrische Erkenntnisse, Muster legen, Raum-Lage-Verständnis, Kreativität, Weltwissen, Materialerfahrung

Das brauchen Sie: 2 Spiegelfliesen, gebogenes Blech und Klebestrips zur Befestigung, Glassteine oder anderes Legematerial, Körbchen

Das müssen Sie vorbereiten: Kleben Sie die 2 Spiegelfliesen auf ein im rechten Winkel gebogenes Blech oder befestigen Sie sie mit 2 Winkeln. Die Glassteinchen legen Sie in das Körbchen.

So geht es: Das Kind legt die Glassteinchen oder anderes Legematerial in den Spiegelwinkel und entdeckt so interessante Spiegelungen.
Kreative Muster und Bilder entstehen.

38 Spiegelwand

Anzahl der Kinder: 1 Kind selbstständig

Das fördern Sie: Feinmotorik, Raum-Lage-Verständnis, geometrische Erkenntnisse, Auge-Hand-Koordination, Weltwissen, Materialerfahrung, abstraktes Formwissen

Das brauchen Sie: 2 Spiegelfliesen, gebogenes Blech und Klebestrips zur Befestigung, Stifte, Papier

Das müssen Sie vorbereiten: Kleben Sie die Spiegelfliesen auf ein Blech, das im unteren Bereich umgebogen ist, sodass es von allein stehen kann. Stellen Sie Papier und Stifte zu der Spiegelwand.

So geht es: Zuerst legt das Kind ein Blatt Papier vor die Spiegelwand. Dann kann es frei experimentieren, welche Formen und Zeichen entstehen, wenn es vor der Spiegelwand malt. Der Spiegel bietet Anreiz, geführte Bewegungen mit dem Stift durchzuführen.

Variante: Vor dieser Spiegelwand kann das Kind natürlich auch unterschiedliches Legematerial nutzen. Legt das Kind abstrakte Formen an den Spiegel, so entsteht eine neue Form (ein am Spiegel gelegtes Dreieck bildet im Spiegel ein Viereck).

39 Was passt?

Anzahl der Kinder: 1 Kind selbstständig

Das fördern Sie: Feinmotorik, Geschicklichkeit, visuelle Wahrnehmung, Größen vergleichen, Materialerfahrung, Auge-Hand-Koordination, Weltwissen

Das brauchen Sie: Behälter mit Schraubverschluss in verschiedenen Größen (z.B. leere Cremedöschen, Flaschen)

Das müssen Sie vorbereiten: Drehen Sie alle Deckel von ihren Behältern ab und vermischen Sie diese.

So geht es: Das Kind muss den richtigen Deckel zur Dose oder Flasche finden.

Selbstkontrolle: Die Selbstkontrolle ergibt sich von allein, da auf jeden Behälter nur ein Deckel passt.

  | Autorin: Petra Faßbender | ISBN 978-3-8346-3125-1 | www.verlagruhr.de

40 Spuren im Sand

Anzahl der Kinder: 2 Kinder

Das fördern Sie: visuelle Wahrnehmung, Weltwissen, Materialerfahrung

Das brauchen Sie: verschiedene Gegenstände (z. B. Holzstab, Kamm, Klammer, Bürste, Murmel, Pinsel, Schwamm etc.), Körbchen für Materialien, gesiebten Vogelsand, kleines Tablett

Das müssen Sie vorbereiten: Füllen Sie das kleine Tablett mit Vogelsand (nur so viel, dass eine Spur gut zu erkennen ist). Legen Sie alle Gegenstände ins Körbchen.

So geht es: Das Kind stellt das Sand-Tablett und die Materialien vor sich hin. Nun schließt das eine Kind die Augen, während das zweite Kind einen Gegenstand wählt und mit diesem eine Spur im Sand hinterlässt. Anschließend soll das erste Kind raten, mit welchem der vorhandenen Gegenstände diese Spur entstanden ist.

Variante: Dieses Spiel kann natürlich von einzelnen Kindern auch zum freien Gestalten genutzt werden.

41

Wassertransport

Anzahl der Kinder: 1 Kind selbstständig

Das fördern Sie: physikalische Erkenntnisse, Feinmotorik, Materialerfahrung, Auge-Hand-Koordination, Krafteinsatz, Kräftigung der Handmuskulatur, Weltwissen

Das brauchen Sie: 2 kleine, durchsichtige Behälter oder Gläser, Pipette, gefärbtes Wasser, Wischlappen

Das müssen Sie vorbereiten: Färben Sie ein Glas voll Wasser mit Lebensmittelfarbe ein. Dann geben Sie einen Teil davon in einen kleinen Behälter. Stellen Sie beide kleinen Behälter bereit und legen Sie die Pipette dazu, ebenso den Wischlappen.

So geht es: Das Kind saugt das Wasser mit der Pipette ein und entleert es wieder im leeren Behälter. Ist das Wasser in Behälter 1 aufgebraucht, kann es das Wasser wieder zurücktransportieren.

42 Goldsucher

Anzahl der Kinder: 1 Kind selbstständig

Das fördern Sie: Feinmotorik, Geschicklichkeit, Weltwissen, Materialerfahrung, Auge-Hand-Koordination

Das brauchen Sie: 3 Behälter, goldene Deko-Steinchen, gesiebten Vogelsand, Löffel, Teesieb

Das müssen Sie vorbereiten: Füllen Sie einen Behälter mit gesiebtem Vogelsand und geben Sie anschließend eine kleine Menge von „Goldkörnern" hinein.
Alle Behälter, den Löffel und das Sieb stellen Sie bereit.

So geht es: Das Kind hält das Sieb über einen leeren Behälter. Nun leert es einen gefüllten Löffel mit Sand in das Sieb. Jetzt muss das Kind das Sieb leicht schütteln, damit der Sand durchfällt – zurück bleiben die Goldkörner.
Diese Goldkörner schüttet das Kind in den zweiten leeren Behälter.
Den Vorgang wiederholt es so oft, bis der „Goldkörnersand" verbraucht ist.

43 Schlösser und Schlüssel

Anzahl der Kinder: 1 Kind selbstständig

Das fördern Sie: Feinmotorik, Geschicklichkeit, visuelle Wahrnehmung, Größen vergleichen

Das brauchen Sie: mindestens 3 Schlösser in unterschiedlichen Größen mit passenden Schlüsseln

Das müssen Sie vorbereiten: Legen Sie die geschlossenen Schlösser und die Schlüssel bereit.

So geht es: Das Kind findet den passenden Schlüssel zu jedem Schloss. Beim Einstecken und Umdrehen des Schlüssels kann es das Schloss dann öffnen. Anschließend sollte es alle Schlösser wieder verschließen und die Schlüssel mischen.

Tipp: Mehrere Schlösser machen dieses Spiel spannender und schwieriger.

Variante: Spaß macht es den Kindern auch, wenn sie das Schloss an eine Halterung (Stange, Griff) sperren können.

44 Murmelkarussell

Anzahl der Kinder: 1 Kind selbstständig

Das fördern Sie: physikalische Erkenntnisse, Geschicklichkeit, Auge-Hand-Koordination

Das brauchen Sie: Pappteller, 1 runde Gebäckdose oder der Deckel davon, Murmeln, Körbchen

Das müssen Sie vorbereiten: Stellen Sie mehrere Murmeln mit den Tellern/Dosen zusammen bereit.

So geht es: Das Kind gibt zuerst eine Murmel, später vielleicht mehrere, in die Dose. Jetzt umfasst das Kind mit beiden Händen die Dose und versucht, durch Bewegung die Murmel ins Kreisen zu bringen.

Variante: Je nachdem, wie hoch der Rand ist, verändert sich der Schwierigkeitsgrad.

Tipp: Pappe hat den Vorteil gegenüber Blech, dass die Murmeln darin nicht ganz so laut sind.

  | Autorin: Petra Faßbender | ISBN 978-3-8346-3125-1 | www.verlagruhr.de

A B C D

E F G H

I J K L

Lernübersicht Mathematik

Name des Kindes: ....

Bereits bearbeitet (bitte einfärben)	**1**	**2**	**3**	**4**	**5**	**6**	**7**	**8**	**9**	**10**	**11**	**12**	**13**	**14**	**15**	**16**
Menge-Zahl-Verständnis	X	X			X											
Simultane Mengenerfassung	X			X	X									X		
Würfelbilder kennen		X	X		X											
Zahlenwissen/Zählen	X	X	X	X										X	X	
Geometrische Erkenntnisse							X									
Mengen erfassen/vergleichen					X											
Abstraktes Formwissen						X	X							X		X
Formen sortieren/zuordnen						X					X					
Raum-Lage-Verständnis							X		X							
Farbenkenntnis/Farbenzuordnung						X		X			X					
Muster nachlegen/eigene kreieren								X	X						X	
Logische Folgen erkennen und fortsetzen															X	X
Experimentierfreude							X		X					X		
Visuelle Wahrnehmung									X	X	X	X	X	X	X	X
Muster vergleichen/Paare finden					X					X	X		X			
Kategorisieren						X		X				X				
Konzentration/Merkfähigkeit								X		X	X	X		X	X	X
Größen/Gewichte/Volumen vergleichen										X		X	X	X		

Vorschulideen auf dem Lern-Tablett serviert | © Verlag an der Ruhr | Autorin: Petra Faßbender | ISBN 978-3-8346-3125-1 | www.verlagruhr.de

Y	Z	0	1
2	3	4	5
6	7	8	9

Lernübersicht Sprache und Literacy

Name des Kindes: ....

Bereits bearbeitet (bitte einfärben)	27	28	29	30	31	32	33	34
Phonologische Bewusstheit	X			X	X			
Wortschatzarbeit	X	X		X				
Buchstabenwissen	X	X	X		X	X	X	X
Anlaute hören	X	X				X	X	
Merkfähigkeit		X						
Visuelle Wahrnehmung		X	X		X	X	X	
Sensibilisierung für abstrakte Zeichen	X	X	X		X			
Buchstaben zuordnen/wiedererkennen	X	X	X		X		X	X
Taktile Wahrnehmung			X			X	X	
Buchstaben schreiben						X		
Feinmotorik			X			X	X	X
Krafteinsatz/Kräftigung der Handmuskulatur							X	X

M	N	O	P
Q	R	S	T
U	V	W	X

Lernübersicht Feinmotorik

Name des Kindes: ....

Bereits bearbeitet (bitte einfärben)	17	18	19	20	21	22	23	24	25	26
Krafteinsatz, Kräftigung der Handmuskulatur	X				X	X	X	X	X	X
Umgang mit Schere	X									
Geschicklichkeit	X	X	X		X		X	X	X	X
Schleife binden		X								
Flechten			X							
Visuelle Wahrnehmung		X		X	X					X
Taktile Wahrnehmung				X	X					X
Muster und Reihenfolgen erkennen, legen							X			
Zahlenwissen										
Zahlen schreiben, Zeichen malen				X						
Farben zuordnen, sortieren, benennen						X	X	X		
Auge-Hand-Koordination	X	X	X	X	X	X	X	X	X	
Stifthaltung, Pinzettengriff						X			X	
Größen sortieren									X	

Vorschulideen auf dem Lern-Tablett serviert | © Verlag an der Ruhr | Autorin: Petra Faßbender | ISBN 978-3-8346-3125-1 | www.verlagruhr.de

Engel
Botschaften
für
Indigos
Doreen Virtue
und Charles Virtue
Handbuch

Doreen Virtue
und
Charles Virtue

Engel-Botschaften für Indigos
Begleitbuch

Titel der Originalausgabe:
Indigo Angel Oracle Cards

Originally published in 2013 by Hay House, Inc. USA

Deutsche Ausgabe:

Aus dem Englischen von Nayoma de Haën
Lektorat und Satz: Birgit-Inga Weber
Gesamtherstellung: Karin Schnellbach
Druck: Imago
ISBN 978-3-86728-234-5

Inhalt

Der Umgang mit den Engelkarten für Indigos

Der Begriff »Indigo« bezieht sich auf willensstarke, intuitive Führungspersönlichkeiten aller Altersstufen. Indigos haben von Geburt an ein ausgeprägtes Gespür für die Wahrheit. Ungeachtet des Rangs, Namens oder Alters respektieren sie nur *ehrenhafte* Menschen. In ihrer Unangepasstheit geraten sie oft in Widerstreit mit dem System – was zu ihrer globalen Mission gehört. Sie sind hier, um Wahrhaftigkeit und Integrität in die Welt zu bringen.

Unabhängig davon, ob du ein Indigo bist oder ob du dich um einen Indigo kümmerst, möchten die Engel dich gerne besonders unterstützen, um die wichtige Arbeit der Indigos zu fördern. Die Botschaften der Engel helfen den Indigos in jedem Aspekt ihres persönlichen und beruflichen Lebens.

Ich (Charles) habe diese Karten besonders für Indigo-Erwachsene und -Kinder zusammengestellt. Ich habe mich infolge meiner eigenen Erfahrungen als Indigo auf jene Themen konzentriert, die für Indigos besonders relevant sind. Dazu gehören ihre Emotionen, ihr Lebensstil, ihre Beziehungen, ihr Selbstwertgefühl und ihre Lebensaufgabe. Meine Mutter Doreen und ich haben die Karten und das Begleitbuch leicht verständlich und prägnant verfasst. Schließlich haben Indigos eine Mission und wollen keine Zeit vergeuden!

Orakelkarten sind eine altbewährte Methode, sich Rat zu holen, wenn man ihn dringend braucht. Es ist normal, sich in stressigen Situationen angespannt und ängstlich zu fühlen. Diese Reaktionen erschweren es, himmlische Botschaften zu empfangen. Orakelkarten können hier Klarheit bringen. Sie funktionieren nach dem Gesetz der Anziehung, einem alten spirituellen Prinzip, demzufolge eine Frage die entsprechende Antwort magnetisch anzieht.

Alle Engel unterstützen die Indigos. Doch Erzengel Metatron hat sie besonders im Blick, denn er hilft den Menschen, ihre spirituellen Gaben zu erwecken und zu verfeinern. Metatron kann dir über Wegstrecken harter Energie oder Verwirrung hinweghelfen, damit dein wahres Selbst intakt bleibt.

Erzengel Metatron ist der Engel der ersten Sephira des Lebensbaums der Kabbala. Er hilft den Kindern und jenen, die sich zum ersten Mal einer spirituellen Praxis nähern. Er war der erste menschliche Prophet (Enoch), der in das Erzengelreich aufstieg.

Erzengel Michael steht den Indigos ebenfalls auf besondere Weise bei. Er verleiht ihnen Mut, Schutz und Stärke, während sie bei ihrer Mission, mehr Integrität in die Welt zu bringen, kühn voranschreiten.

Die Engelkarten für Indigos beantworten jeweils die *wahre* Frage in deinem Herzen, die eine andere sein mag als jene, die du äußerlich stellst – denn manchmal fürchten wir, um das zu bitten, was wir eigentlich möchten. Doch die Karten wissen, was du wirklich willst, und darauf antworten sie. Es ist, als wäre die Frage das Schloss – und die Antwort der Schlüssel: Sie passen einfach natürlich zusammen!

Hier sind die einzelnen Schritte, wie du für dich selbst (oder für andere) die Orakelkarten legen kannst:

1. Schritt: Die Karten reinigen

Deine Karten sind empfindsame Instrumente; sie müssen also von allen Energien gereinigt werden, die sie eventuell während der Herstellung oder des Transports aufgenommen haben. Der erste und der zweite Schritt müssen nur wiederholt werden, falls eine andere Person die Karten berührt hat oder deine Legungen unklar werden, weil sich in den Karten zu viel Energie angesammelt hat.

Um deine Karten zu reinigen, halte sie zunächst in deiner nicht dominanten Hand (also in der Hand, mit der du *nicht* schreibst), denn mit ihr empfängst du Energie.

Sprich ein Gebet über den Karten, indem du darum bittest, dass sie von allen aufgenommenen Energien gereinigt werden, zum Bespiel:

»Lieber Gott, lieber Erzengel Metatron, ich danke euch, dass ihr diese Karten von allem befreit, was nicht göttliche Liebe ist.«

Das reinigt die Karten von allen alten Energien, sodass sie rein sind und mit deiner eigenen Schwingung versehen werden können.

2. Schritt: Die Karten segnen

Berühre jede der Karten kurz, um sie mit deiner persönlichen Energie aufzuladen. Du kannst sie dafür einfach an einer Ecke anfassen.

Fächere sie dann so auf, dass die Abbildungen zu dir zeigen. Halte die aufgefächerten Karten an dein Herz und denke an die Gebete oder Absichten, die du in die Karten legen möchtest. Es ist hilfreich, die himmlischen Mächte still oder hörbar mit den folgenden Worten anzurufen:

»Lieber Gott und Erzengel Metatron, ich rufe euch jetzt an. Danke, dass ihr mich so klar führt und meine Fragen beantwortet. Ich bitte darum, meinen Umgang mit diesen Karten zu schützen, damit sich nur göttliche Wahrheit zeigt. Und möge die Führung, die ich empfange, zutreffend, spezifisch und für alle Beteiligten segensreich sein. Bitte helft mir, die göttlichen Botschaften, die durch diese Karten kommen wollen, klar zu sehen, zu hören, zu fühlen und zu erkennen. Ich bitte euch, mir beizustehen und während der Legung über mich zu wachen, auf dass nur Gottes Liebe und Weisheit durchdringen mögen.«

Bitte um alle Unterstützung, die du dir im Umgang mit den Karten wünschst – wie Vertrauen, Klarheit, Mitgefühl und so weiter.

Deine Karten enthalten jetzt deine persönliche Intention und Schwingung.

3. Schritt: Eine Frage stellen

Denke an eine Frage, die du gerne beantwortet haben möchtest. Falls du die Karten für jemand anderen legst, bitte diese Person, an die Frage zu denken oder sie auszusprechen. Der Himmel hört deine Gedanken; deshalb brauchst du dein Anliegen nicht unbedingt laut auszusprechen.

4. Schritt: Die Karten mischen

Denke beim Mischen der Karten an die Frage und bitte die Engel, dir mit Antworten und Hinweisen zu helfen. Vielleicht möchtest du während des Mischens ein ähnliches Gebet sprechen wie beim zweiten Schritt:

»Lieber Gott, Erzengel Michael und Metatron und alle meine Engel, ich bitte euch, wacht über diese Erfahrung und sorgt dafür, dass nur Botschaften göttlicher Wahrheit durchkommen. Bitte beschützt meine Lieben und mich vor niederen Energien. Helft mir, meine Ego-Ängste loszulassen, damit ich die Botschaften, die ihr für mich habt, klar sehe, höre, fühle und erkenne. Ich bitte darum, dass diese Befragung der Orakelkarten allen Beteiligten Segen bringt.«

Sollte eine Karte (oder mehrere Karten) während des Mischens »herausspringen«, lege sie zur Seite. Sie sind Teil deiner Legung.

Achte während des Mischens auf deine Gefühle, Gedanken, Worte oder Visionen. Darin kommt göttliche Führung zum Ausdruck, die dir beim Verständnis der Karten helfen wird. Diese Eindrücke verdienen also deine Aufmerksamkeit.

Wenn die Karten zwei deutliche Teile zu bilden beginnen, ist es Zeit, mit dem Mischen aufzuhören. Vielleicht empfängst du auch ein Gefühl, einen Gedanken oder eine Vision, die dich innehalten lässt, oder du hörst sogar Worte wie »Hör auf!«. Würdige diese göttlichen Botschaften, die dir im Umgang mit den Karten helfen. Du kannst nichts falsch machen und etwa zu früh mit dem Mischen aufhören, denn das göttliche Gesetz der Anziehung sorgt dafür, dass du immer die richtigen Karten ziehst.

5. Schritt: Eine Karte ziehen

Nimm die oberste Karte auf. Dies ist die Antwort auf deine Frage oder der Rat, welche Heilungsschritte dir im Hinblick auf das Thema, um das es dir geht, helfen werden.

Achte beim Betrachten der Karte darauf, ob in dir Gedanken, Worte, Gefühle oder Visionen auftauchen, denn sie sind zusätzliche Botschaften deiner Engel – Botschaften, welche die Bedeutung der Karte noch persönlicher machen.

Auch die Abbildung ist bedeutsam. Betrachte sämtliche Details. Hast du eine oder mehrere Karten beiseitegelegt, weil sie aus dem Stapel »gesprungen« sind, dann betrachte diese ebenfalls sorgfältig.

6. Schritt: Das Begleitbuch zu Rate ziehen

Schlage die Seite im Begleitbuch auf, auf der die Karte erläutert wird. Achte während des Lesens auf emporsteigende Gedanken oder Gefühle, denn sie sind Teil deiner persönlichen Antwort. Die Engel werden dir mit gezielten Hinweisen durch jegliche Lebensveränderungen hindurchhelfen oder dir zeigen, welches Verhalten jeweils angemessen ist.

Drei-Karten-Botschaften

Die Indigo-Engelkarten beantworten die meisten Fragen jeweils mit einer einzigen Karte. Du kannst zum Beispiel den Tag beginnen, indem du die Engel fragst: »Worauf sollte ich heute meinen Fokus richten?«

Manchmal möchtest du vielleicht eine detailliertere Antwort. Dann ziehe drei Karten. Dafür nimmst du nach dem dritten und vierten Schritt die oberen drei Karten vom Stapel. Du legst die Karten mit den aufgedeckten Abbildungen und Worten vor dich hin: die erste nach links, die zweite in die Mitte und die dritte nach rechts.

Die linke Karte spricht über die unmittelbare Vergangenheit der fraglichen Situation. Die mittlere Karte zeigt dir den gegenwärtigen Zustand und was du jetzt wissen musst oder woran du fortan arbeiten solltest. Die rechte Karte weist auf die unmittelbare Zukunft hin, die sich ergibt, wenn du deinen derzeitigen Weg verfolgst und den Rat der mittleren Karte beherzigst.

Du kannst deine Zukunft immer verbessern, indem du eine positive Haltung einnimmst und auf deine innere Weisheit hörst.

Im nächsten Abschnitt dieses Buches findest du die Bedeutung der einzelnen Karten. Nochmals: Wisse, dass du in deinem Leben immer die freie Wahl hast! Und du kannst das Ergebnis einer Situation immer durch Gebete, Visualisierungen und positive Affirmationen verbessern.

Der Himmel hilft dir, deine Zukunft zum Besseren zu wenden, wenn du darum bittest und dich für göttlichen Beistand öffnest.

Die Bedeutungen der Karten

Im Folgenden findest du die allgemeine Bedeutung der einzelnen Engelkarten für Indigos.

Die Karten sind alphabetisch geordnet, und zwar nach dem ersten Buchstaben ihres jeweiligen Themas bzw. ihrer Bezeichnung.

Möchtest du die Bedeutung einer Karte nachschlagen, öffne die betreffende Seite und lies die Interpretationen und Erklärungen zu den Symbolen.

Deine Intuition wird dir noch persönlicheren Rat von den Engeln offenbaren. Achte deshalb während des Lesens zugleich auf deine Gedanken und Gefühle. Betrachte die Illustrationen der einzelnen Karten, denn die Bilder und Symbole können ebenfalls Antworten für dich bergen.

Abschirmung

Du magst zwar im Herzen stark sein, doch deine Indigo-Energie gehört zu den empfindsamsten auf dem Planeten. Deshalb empfindest du manche Situationen sehr stark, in denen andere ganz ruhig zu bleiben scheinen. Diese Karte rät dir deshalb, dich energetisch vor Negativität abzuschirmen. Wisse, die Engel sind immer um dich, und ihre machtvolle Aura ist jederzeit für deinen energetischen Schutz verfügbar.

Bitte den Himmel einfach, deine Energie in Engelslicht einzuhüllen, und wisse, dass du spirituell und emotional geschützt bist. Wann immer du in einer schwierigen Situation bist, bitte die Engel sofort, dich abzuschirmen.

Annehmen

Zur Aufgabe der Indigos, gesunde Veränderungen auf diesem Planeten einzuleiten, gehört auch, alles infrage zu stellen. Diese Neigung könnte dich jedoch dazu verleiten, einen Teil deines Lebens zurückzuweisen, der für deinen nächsten Schritt wichtig ist.

Diese Karte ermuntert dich, dein Leben daraufhin zu überprüfen, ob du irgendetwas (oder irgendjemanden) zurückweist. Im Moment ist das Beste, was du für dich tun kannst, dein Leben voll und ganz zu akzeptieren. Das mag dir gerade schwierig oder gar unpassend erscheinen. Wisse jedoch, dass wir nicht alles verändern können, was uns nicht gefällt. Manchen Dingen müssen wir uns in diesem Leben einfach stellen. Bitte die Engel, dir Stärke und Trost zu geben, um dir das Loslassen und Annehmen zu erleichtern.

Ausdruck

Diese Karte lädt dich ein, deine Gedanken freimütig zum Ausdruck zu bringen. Das ist schließlich einer der Gründe, warum Indigos wie du auf die Erde kamen. Die Menschen haben so lange nicht mehr ehrlich ihre Meinung gesagt. Deshalb hat die Menschheit unter der tyrannischen Kontrolle anderer gelebt. Jetzt ist die Zeit für Veränderung, und du bist einer der spirituellen Krieger, der diese Veränderung in Gang bringt.

Sage immer deine Meinung, aber achte auch darauf, wie andere auf deine Erklärungen reagieren. Bitte die Engel um Hilfe, damit du dich so ausdrückst, dass die anderen dich hören können. Wenn du dich in einer Weise zum Ausdruck bringst, mit der die anderen etwas anfangen können, werden deine Bedenken und Ansichten viel besser ankommen.

Autorität

Unsere Welt ist derzeit so eingerichtet, dass uns die Autoritäten Regeln überstülpen. In vielen Situationen muss das so sein, um die Ordnung aufrechtzuerhalten.

Als Indigo verfügst du über einen Spürsinn für die Wahrheit; er sagt dir, dass Menschen häufig ihre Machtpositionen missbrauchen.

Dies ist eine der wichtigsten Karten, die du ziehen kannst, denn deine Rolle in dieser Welt besteht darin, diesen Planeten und die Gesellschaft zu einem Ort der Fairness umzugestalten.

Bitte sei dir im Umgang mit Autoritäten bewusst, dass dir Ärger nicht weiterhilft, ruhige Bestimmtheit hingegen auf jeden Fall.

Bitte die Engel, sooft du dich von jemandem kontrolliert oder gemaßregelt fühlst, dich auf eine Weise durch die Situation zu leiten, die am meisten Frieden bringt und erhält. So ebnest du den Weg für andere, denen dein friedvolles Führen zum Wohl gereichen wird.

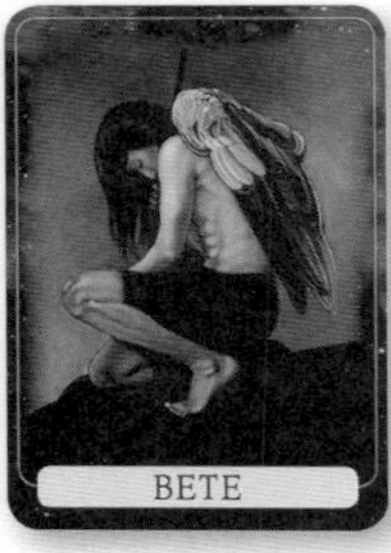

Bete

Manchmal bemerken Indigos gar nicht, welche Macht ihre Gedanken und Worte haben.

Diese Karte erinnert dich daran, positiv zu beten und zu denken, denn negative Gedanken und Worte hindern dich, deine Aufgabe und deine Träume zu leben. Dies gilt vor allem, wenn du tief in dir glaubst, du seist es nicht wert, zu bekommen, was du dir wünschst, oder deine Ziele seien unrealistisch.

Richte deinen Fokus und deine Energie beim Beten weniger darauf, was nicht funktioniert, und bringe dich mit Gott und den Engeln in Einklang. Das verbindet dich mit deinem höheren Selbst; es weiß, dass nichts unmöglich ist. Gebete können deine Schwingung in einen Zustand der Ganzheit und Heilung erheben.

Sobald du dich das nächste Mal sorgst, nimm dir einen Moment Zeit, sprich ein Gebet und vertraue, dass du genau da bist, wo du sein sollst. Dann wirst du die erhebende Macht der Engel um dich herum spüren, die dich auf deinem Weg führt und leitet.

Bewege dich körperlich

Die gegenwärtige Situation lässt dich an etwas festhalten, das die Engel dir loszulassen empfehlen.

Die Engel fordern dich auf, dich körperlich zu betätigen, um dir über dich selbst klarer zu werden und deinen Kanal zum Empfang von neuen Botschaften, Ideen, Lösungsansätzen und Heilungsenergien zu klären. Das kann alles Mögliche bedeuten: vom Spazierengehen über Laufen, Schwimmen, Yoga bis hin zu Teamsport. Die körperliche Bewegung fördert die Verarbeitung und das Loslassen der Emotionen.

Indigos brauchen Abwechslung, insofern kann auch jegliche Unterbrechung gewohnter Bewegungsabläufe hilfreich sein. Wenn du das nächste Mal gestresst bist, nimm einfach mal die Treppe statt des Aufzugs, parke ein Stück von deinem Büro entfernt und geh den Rest zu Fuß, oder wirf einen Ball ein paarmal in einen Basketballkorb. Du wirst einen positiven Unterschied bemerken.

Bitte um ein Zeichen

Wenn du dich festgefahren fühlst oder verwirrt, brauchst du ein Zeichen, das dir die beste Richtung weist. Zeichen gehören zu den interaktivsten und zuverlässigsten Botschaften der Engel. Bittest du regelmäßig um Zeichen, dann wirst du ständig daran erinnert werden, dass du auf dem richtigen Weg bist, und klare Hinweise erhalten, um auf ihm zu bleiben.

Als Indigo fühlst du dich vielleicht von anderen Menschen getrennt und fragst dich, warum du so schwer mit ihnen in Beziehung treten kannst.

Bitte die Engel, dir ein klar erkennbares Zeichen zu schicken, dass dein Wunsch/Ziel/Traum/Hoffen/Verlangen relevant und möglich ist und welchen Schritt du als Nächstes unternehmen solltest. Das Ergebnis wird dich erfreuen, denn sie werden dich deutlich bestätigen und leiten. Du brauchst nur zu bitten!

Bleibe

Diese Karte rät dir, dich aus einer schwierigen Situation *nicht* zurückzuziehen. Was immer los ist oder dir gerade Probleme bereitet – es gehört zu deinen Erfahrungen und Lernaufgaben in deinem Leben.

So unangenehm die Situation auch sein mag: Es gibt darin einen Aspekt, der noch nicht abgeschlossen ist. Die Engel raten dir deshalb, jetzt keine extremen Schritte durchzuführen.

Dies ist vielleicht genau das Gegenteil dessen, was du dir als Rat erhofft hattest, doch wisse, dass dir die Indigo-Werkzeuge und -Lektionen, die du gewinnst, wenn du durchhältst, im späteren Leben unschätzbare Dienste leisten werden. Eines Tages wirst du diese Situation so klar durchschauen, wie die Engel es jetzt tun. Und wisse: Wenn der Zeitpunkt gekommen ist, etwas zu verändern, werden die Zeichen nicht zu übersehen sein.

Denke darüber nach

Diese Karte lädt dich ein, von deinem aktuellen Weg oder Denkprozess einen Schritt zurückzutreten und die Situation, auf die sich deine Frage bezieht, zu überdenken. Es gibt einen unerkannten Aspekt darin. Die Engel raten dir, zu entschleunigen, damit du dank des Blicks auf das Ganze weitermachen kannst.

Diese Karte kann auch eine Vorwarnung darstellen, falls du im Begriff bist, impulsiv eine große Veränderung einzuleiten. Das mag durchaus der richtige Weg sein, doch die Engel fordern dich auf, zunächst Alternativen in Betracht zu ziehen.

Als Indigo reagierst du sehr empfindsam auf Energien. Deine Mission liegt darin, zu heilen und negative Energien in positive zu verwandeln. Doch es gibt immer einen besseren Weg. Diese Karte rät dir, hinsichtlich der gesunden Veränderungen, die zu deiner Indigo-Mission gehören, verschiedene Optionen zu erkunden.

Du bist etwas Besonderes

Warum vertreten Indigos ihre Ansichten so leidenschaftlich?

Warum tun sie sich so schwer damit, ihre Gefühle für sich zu behalten?

Weil es ihnen angeboren ist, sich von keinen Widrigkeiten und Ungleichgewichten unterkriegen zu lassen.

Indigos sind zu einem wichtigen Zeitpunkt der Erd- und Menschheitsgeschichte inkarniert, um das Überleben der Erde und der Menschheit zu sichern. Du gehörst zu ihnen.

Die Indigos erfüllen in unserer Welt eine ganz besondere Aufgabe. Diese Karte lädt dich ein, dir dessen bewusst zu sein.

Du bist in Sicherheit

Taucht diese Karte auf, dann will sie dich daran erinnern, dass du in dieser Situation vollkommen geschützt bist.

Du magst dich verletzlich fühlen, doch die Engel lassen dich wissen, dass sich deine Ängste nur verstärken, wenn du ihnen erlaubst, dein Denken zu beherrschen. Dein empfindsamer Indigo-Körper und deine Energie sind Magnete, die leicht die Energie anderer Leute absorbieren und festhalten. Die Engel möchten als Team mit dir zusammenarbeiten, um deinen Körper, dein Zuhause, und diese Welt zu reinigen und zu schützen.

Du bist nicht allein

Mit zunehmendem Alter wirst du verstehen, dass auf diesem Planeten keiner wirklich weiß, was er tut. Wir versuchen alle, möglichst gut zurechtzukommen.

Diese Karte erinnert dich an die Fülle von Hilfe und Kameradschaft, die dir zur Verfügung steht. Noch nie zuvor sind so viele Menschen mit der gemeinsamen Absicht in dieses Leben gekommen, das Drehbuch des täglichen menschlichen Lebens umzuschreiben.

Deine Indigo-Mission ist so wichtig, und Millionen von anderen Indigos in aller Welt machen ähnliche Erfahrungen. Bitte die Engel, dich zu verständnisvollen Gleichgesinnten zu führen. Es wird dir sehr bald deutlich werden, dass du ein integraler Bestandteil einer der wichtigsten Bewegungen der Menschheitsgeschichte bist.

Du weißt bereits

Diese Karte kommt zu dir, weil du die Antwort, nach der du suchst, bereits kennst, sie jedoch leugnest oder Bestätigung brauchst. In dieser Situation meinen die Engel, dass du schon über die Antwort verfügst und genau weißt, was zu tun ist, damit es vorwärtsgeht.

Mit dieser Karte wirst du aufgefordert, an dich und an die göttliche Ordnung zu glauben und zu tun, was für dich am besten ist. Auf deine Führung zu hören, kann nur zum Guten führen, genauso wie es nur zum Guten führen kann, deiner Intuition zu trauen.

Du wirst geliebt

Jeder ist aus einem bestimmten Grund in deinem Leben. Diese Karte fordert dich auf, tief in dir zu erkennen, dass du den anderen wirklich wichtig bist und dass sie dir deinen Erfolg gönnen.

Manchmal werden Indigos ärgerlich, wenn sie meinen, andere wollten sie kontrollieren. Wisse, dass diese Phase deines Lebens schnell vorübergeht, und ehe du dich versiehst, wirst du deine eigenen Regeln aufstellen.

Es ist in Ordnung, sich auf das einzulassen, was andere sagen, solange ihre Regeln nach deinem Empfinden auf Liebe und Weisheit beruhen. Tritt also einen Schritt zurück und betrachte die Situation aus der Motivation der anderen.

Die Engel lieben und achten dich bedingungslos und sind immer auf deiner Seite.

Du wirst verstanden

Die Engel schicken dir diese Karte, weil sie dich in jedem Aspekt deiner Persönlichkeit und Existenz verstehen.

Als Indigo neigst du vielleicht dazu, dich als mangelhaft zu empfinden oder zu meinen, du hättest Fehler gemacht. Diese Karte erinnert dich daran, dass nichts ein Fehler ist. Alles entspricht der göttlichen Fügung. Wisse, dass der Himmel und die Engel dich als ein vollkommenes Wesen betrachten und dich bei jedem Schritt deines Lebens begleitet haben. Sie wissen, wer du bist, und sie sehen deine göttliche Perfektion. Die Engel verstehen vollkommen, warum jede deiner Entscheidungen so fiel, wie du sie gefällt hast.

Gönne es dir, in der Gewissheit zu schwelgen, dass es eine Kraft gibt, die viel größer ist als jeder Mensch auf diesem Planeten, und dass diese Kraft dich als eine makellose Seele sieht, die ihr Bestes gibt.

Durchschaue die Situation

Als Indigo verfängst du dich zuweilen je nach Situation in deinen Emotionen und fühlst dich ängstlich oder gestresst.

Diese Karte erinnert dich daran: Noch lange nachdem du diese Situation durchgestanden hast und alles vorbei und vergessen ist, wird das Leben weitergehen!

Die Engel bitten dich, dich auf das Gute in deinem Leben zu konzentrieren und über das unmittelbare Geschehen um dich herum hinauszuschauen. Zu den besten Lösungswegen gehört es, die Situation loszulassen und dir zu erlauben, die Erleichterung zu spüren. Nimm dir Zeit, dich zu entspannen, und stell dir vor, wie es sein wird, wenn diese schwierige Zeit vorüber ist.

Vertraue darauf, dass die Engel deine Gebete laut und klar hören und dass sie dir helfen werden, diese Situation in jeder Hinsicht zu lösen.

Entschuldige dich

Die Karte fordert dich auf, in dieser Situation den ehrbaren Weg zu gehen und dich den Betroffenen oder dir selbst gegenüber für das zu entschuldigen, was dich beschäftigt. Dein ehrliches, feuriges Indigo-Wesen könnte dazu geführt haben, etwas zu sagen, das andere verletzt hat. Sich zu entschuldigen ist einer der besten Wege, um Druck und Spannung abzubauen.

Selbst wenn die gegenwärtige Situation nur dich selbst angeht oder du im Hinblick auf andere nichts falsch gemacht hast, bitten dich die Engel, dich allgemein für jegliche aufgekommene Enttäuschung oder Frustration zu entschuldigen. Sorge dafür, dass du gegenüber dir selbst oder der anderen Person offen über die Gefühle sprichst, die zum Konflikt geführt haben. Die Engel wollen auf keinen Fall, dass du deine wahren Gefühle verbirgst! Wisse, in dieser Situation wird dir eine Entschuldigung abverlangt – selbst wenn sie schwer oder gar ungerecht erscheint –, weil das einem höheren Sinn dient. Die Lektion besteht darin, deinen Stolz beiseitezulassen und es um des höheren Sinnes willen zu tun.

Erforsche

Die Karte fordert dich auf, mit deinem Ansatz hinsichtlich der fraglichen Situation experimenteller umzugehen. Richtest du deine Stimmung und Energie entsprechend aus, so wird deine kraftvolle Indigo-Energie zu deinen Gunsten wirken und nicht gegen dich.

Diese Karte fordert dich auch auf, deine Vorstellungen über deinen Platz in dieser Welt mit einem offenen Geist anzugehen. Falls du dich zu einer bestimmten Richtung hingezogen fühlst, probiere es aus. Und denke daran: Du kannst deine Meinung und den Kurs deines Lebens jederzeit ändern. Mit zunehmendem Wissen ändern sich auch die Ansichten.

Erzengel Metatron

Erzengel Metatron, der Engel an der Krone des kabbalistischen Lebensbaumes, hilft jenen, die auf dem spirituellen Weg neu sind. Er wacht über die Indigos und sorgt dafür, dass ihre spirituellen Gaben offen und aktiv bleiben. Wie alle Erzengel ist Metatron grenzenlos und fähig, jedem beizustehen, der ihn anruft.

Diese Karte fordert dich auf, in deinem täglichen Leben mit dem Erzengel Metatron zu arbeiten, um Botschaften und Zeichen willkommen zu heißen, die dir bestätigen, dass du ungeachtet alles anderen perfekt bist. Dieser machtvolle Himmelsbote kann dir helfen, in Situationen Frieden zu finden, die du als unfair oder unausgeglichen empfindest.

Sooft du Metatron anrufst, wird sich dieser Erzengel sofort ans Werk machen und dir ein ruhiges Verständnis der Situation und deines Lebens vermitteln. Erzengel Metatron wird dir auch helfen, Groll und Unwilligkeit zur Vergebung loszulassen, damit du weitergehen kannst, ohne dass die niederen Energien dein Leben beeinflussen.

Erzengel Michael

Du hast diese Karte gezogen, weil Erzengel Michael mit dir und deiner göttlichen Mission arbeiten möchte. Wie alle Erzengel kann er gleichzeitig bei dir und allen anderen sein, denn er ist unbegrenzt und glaubensunabhängig. Er hilft jedem, der darum bittet, vor allem wenn dein Lebenszweck darin besteht, der Erde zu helfen (was bei dir und allen Indigos der Fall ist).

Erzengel Michael verleiht Stärke und erinnert dich an deine Rolle auf Erden. Er hilft dir, Ängste loszulassen und ein gesundes Selbstbewusstsein zu entwickeln. Rufe ihn an, wann immer du dich fürchtest, und wisse, dass die Gnade des Himmels dich sofort beschützt.

Bitte Erzengel Michael, dich bei deinen Entscheidungen so zu leiten, dass du sie nicht aus Angst, sondern im Sinne deines Lebenszwecks fällst, und sei gewiss, er wird dich zu deinem höchsten Potenzial führen. Wann immer du dich allein, ängstlich oder verletzlich fühlst, lass dir von der Macht dieses herrlichen Engels ein tröstliches Gefühl des Schutzes vermitteln.

Freiheit

Die Karte beantwortet deine Frage, indem sie dich anregt, nach mehr Freiheit zu streben. Vielleicht entsteht Freiheit, indem du etwas loslässt, was dir nicht mehr dient.

Die Karte bestätigt zugleich, dass deine Gebete um Freiheit erhört wurden und die Engel daran arbeiten, dass sich in deinem Leben etwas ändert.

Als Indigo spürst du, ob jemand kontrolliert oder manipuliert wird. Du hast die Fähigkeit, unnötige Regeln und Einschränkungen zu erkennen. Doch manchmal legst du dir vielleicht unwissentlich selbst Einschränkungen und Regeln auf. Wenn sich dir diese Karte zeigt, solltest du deinen Wünschen etwas die Zügel lockern. Träume frei und groß – für dich und für diesen Planeten – und lass dich von den Engeln mit ihrer unendlichen und ewigen Weisheit leiten.

Freundschaft

Die Antwort auf deine Frage hat mit Freundschaft zu tun. Die Karte weist dich darauf hin, wie sehr dich die Energie anderer Leute beeinflusst. Oder sie regt dich an, dich gegenüber anderen zu öffnen. Freundschaft beruht auf einem regelmäßigen Austausch von Energie und Emotion. Als Indigo kannst du tiefer in Verbindung gehen als die meisten anderen, aber du kannst dich auch mehr verschließen.

Nimm dir Zeit, um darüber nachzusinnen, wie die Energie der Freundschaft (oder des Mangels derselben) deine Gedanken und deine Meinung über dich selbst beeinflusst. Es ist wichtig, dass du dir der Empfindungen bewusst bist, welche die Menschen deines Lebens in dir hervorrufen.

Geduld

Diese Karte weist dich darauf hin, dass das von dir Erwünschte noch nicht bereit ist, in deinem Leben zu erscheinen. Das heißt nicht, es wird nicht kommen. Es bedeutet nur, »nicht jetzt«. Dies ist nicht der richtige Moment, obwohl du dich möglicherweise voll und ganz bereit fühlst, es anzunehmen. Geduld gehört zu den wichtigsten Lektionen, die Indigos zu lernen haben, denn in der heutigen Welt geschehen die Dinge sehr viel langsamer, als sie es brauchen.

Die Karte sagt, dass du nichts falsch gemacht hast. Als Indigo bist du jedoch ein hoch entwickeltes Wesen und erkennst den Gesamtzusammenhang einer Situation sehr viel schneller als viele andere Menschen. Habe Geduld mit den Umständen und Menschen in deinem Leben. Wisse, du bist mit dem Eindruck, dich quasi in einem Schildkrötenrennen zu fühlen, nicht allein. Je besser du abzuwarten lernst, desto glücklicher wirst du sein.

Gesundheit

Die Engel bringen dir diese Karte, weil sie dir eine Botschaft zum Thema »Gesundheit« übermitteln wollen. Sie kann sich auf dich beziehen oder auf jemanden in deinem Umfeld. Gemeint ist nicht nur das körperliche, sondern auch das emotionale und spirituelle Wohlbefinden.

Taucht diese Karte auf, solltest du dich vergewissern, dass du dich nicht mit irgendeinem Gesundheitsproblem identifizierst. Tritt einen Schritt zurück und betrachte diesen Zustand als etwas von dir Getrenntes, als eine kurze, schnell vorübergehende Phase in deinem Leben.

Wenn sich diese Karte zeigt, arbeitet Erzengel Raphael mit dir. Rufe ihn und sein herrliches grünes Licht, um deine Gesundheit und Heilung zu fördern. Die Karte kann auch ein Zeichen dafür sein, dass du ein Heiler bist, da Indigos mit starken Heilungsenergien und -fähigkeiten geboren werden. Dies könnte ein Zeichen sein, dass du mit deiner Heiler-Ausbildung und -Arbeit zuversichtlich fortfahren sollst.

Glaube an dich

Wenn du diese Karte ziehst, möchten die Engel, dass du dich und dein Potenzial so siehst wie sie. Sie sehen dich als grenzenlose Person mit unendlichem Potenzial. Im Moment gehört es zum Wichtigsten, was du für dich tun kannst, dies zu erkennen.

Bitte die Engel, alle Zweifel und Ängste aufzulösen, die du über dich und deinen Weg hast. Diese Zweifel sind ein Teil des Indigo-Daseins, denn du wirst von negativen Energien beeinflusst.

Indem du an dich glaubst, sagst du den Engeln, dass du in diesem Leben dein volles Potenzial leben möchtest. Sie werden sofort in Aktion treten, um dich dementsprechend zu leiten.

Göttliche Bestimmung

Diese machtvolle Karte bezieht sich auf deine Mission auf Erden. Bevor du in dieses Leben kommst, wählst du deine göttliche Bestimmung als die Erfahrung, die du auf der Seelenebene machen möchtest. Wenn sich dir diese Karte zeigt, hat die Antwort auf deine Frage damit zu tun, was dich in deinem Leben erfüllt und was deine Seele lernen will. Wähle den Weg, der dich deiner Mission näher bringt, und wende dich von flüchtigen, kurzfristigen Zerstreuungen ab.

Die göttliche Mission der Indigos besteht darin, Veränderungen zu erwirken, die unsere Welt braucht, und eine Gesellschaft mitzuerschaffen, die auf Integrität, Wahrhaftigkeit und Kooperation beruht.

Diese Karte ist eine Botschaft der Engel, zu erkennen, wie machtvoll und wie wichtig du in dieser Welt bist. Du bist berufen, zu führen!

Göttliches Timing

Die Karte bedeutet, dass sich die Lösung der betreffenden Situation nicht nur durch die Umstände verzögert. Göttliches Timing heißt: Nichts kann geschehen, bevor die Dynamiken des Lebens ganz dafür bereit sind. Das göttliche Timing bezieht viele Faktoren ein, darunter den freien Willen. Wenn sich dein Wunsch zur falschen Zeit erfüllt, stimmen die Bedingungen nicht und die Manifestation ist nicht von Dauer.

Vertraue auf die göttliche Ordnung der Dinge und wisse, dass du auf dem rechten Weg zur Erfüllung deiner Wünsche und deiner Indigo-Mission bist. Bleibe stark in deiner Zuversicht und offen dafür, von deiner intuitiven Führung zum Handeln aufgerufen zu werden. Schritt um Schritt werden alle deine Gebete genau dann erhört und erfüllt, wenn es ihnen bestimmt ist.

Lass Liebe zu

Ab und zu fällt es Indigos schwer, wahrzunehmen, dass die Menschen in ihrer Umgebung – besonders jene mit Autorität – sie wirklich lieben. Konfrontiert man sie mit Regeln oder disziplinarischen Maßnahmen oder regen sich Nahestehende auf, dann fühlen sich Indigos oft zurückgewiesen.

Es entspricht deiner Rolle als Indigo, Regeln infrage zu stellen und nach dem Warum zu fragen, sobald dir eine Situation ungerecht erscheint – das wird sich nie ändern. Die Karte lädt dich ein, zu erkennen: Auch wenn dir manches ungerecht erscheinen mag, haben die Menschen in deiner Umgebung nur dein Bestes im Sinn. Um in der Gesellschaft erfolgreich zu leben, müssen gewisse Regeln befolgt werden.

Manchmal korrigieren andere dein Verhalten, weil sie dir aus Liebe das Beste wünschen. Beim Meditieren erkennst du, ob das in deiner Situation zutrifft. Deine Rolle in der Welt wird dir klar gezeigt. Deine Aufgabe ist nun, zu tun, worum du gebeten wirst, um ein produktives Mitglied der Gesellschaft zu sein – jener Gesellschaft, die umzugestalten dir bestimmt ist.

Lass los / Entspann dich

Als Indigo bist du ein leidenschaftlicher Mensch, und nichts kann dies ändern.

Die Karte erinnert dich jedoch daran, um des Friedens willen deine Emotionen und Ansichten auf positive und konstruktive Weise vorzubringen. Die Engel bitten dich, kreative und wohltuende Wege zu finden, deine Emotionen freizusetzen, damit du dich frei weiterbewegen kannst. Setze zum Beispiel Ärger in ein Kunstprojekt um, oder engagiere dich für eine gute Sache.

Bitte die Engel, dir zu helfen, dich auf gesunde, konstruktive und positive Weise zum Ausdruck zu bringen. Vergewissere dich, dass du immer dir selbst gegenüber fair bleibst, aber auch gegenüber den Menschen um dich herum.

Lerne etwas Neues

Dich erwarten neue Informationen. Diese Karte fordert dich auf, deine Studien über ein für dich interessantes Thema (oder Themen) aufzunehmen oder zu vollenden. Das Auftauchen der Karte bedeutet oft eine Aufforderung, etwas zu beginnen oder zu beenden, von dem du bereits weißt, dass du es tun solltest. Lass dir dies als eine Bestätigung und ein Zeichen dafür dienen, dass jetzt die rechte Zeit für diese Unternehmung ist.

Die Karte kann dich auch einladen, zu meditieren und dich mit dem Universum zu unterhalten. Wenn du mit offenem Geist und Herzen zuhörst, kannst du alle Fragen stellen und wirst Antwort bekommen. Vertraue dem, was du dabei empfängst! Notiere es und erwäge, die Informationen auch anderen zukommen zu lassen. Als Indigo kannst du die göttliche Führung leicht erkennen, wenn sie sich dir zeigt.

Selbst wenn du meinst, das Gelernte werde dir in Zukunft nicht nützlich sein, vertraue bitte, dass die Engel dir aus einem bestimmten Grund dazu raten, obwohl du ihn im Moment vielleicht nicht erkennst. Habe Spaß und probiere etwas Neues aus!

Liebe dich selbst

Die Karte erinnert dich daran, wie wunderschön deine Indigo-Mission, dein Leben und deine Seele sind.

Ja, du verdienst es, glücklich zu sein, und der wirksamste Weg, dies in dein Leben zu bringen, besteht darin, selbst eine Quelle des Glücks zu werden. Liebe dich selbst, auch wenn es dir unnatürlich erscheint, und du wirst ein Kanal für höhere Energien sein.

Nimm dir heute Zeit, deinen Fokus zumindest auf *eine* Sache zu richten, die du an dir schätzt. Deine Beziehung zu dir selbst ist die intimste, die du in diesem Leben haben wirst. Je mehr du dich selbst liebst, desto mehr kannst du deine Energie auf das größere Wohl des Ganzen richten.

Manifestiere

Als Indigo verfügst du über angeborene Manifestationskräfte, und diese Karte rät dir, sie einzusetzen, um die Situation, auf die sich deine Frage bezieht, zu verbessern.

Der Akt der Manifestation umfasst viel mehr, als nur von dem zu träumen, was du dir für dein Leben wünschst: Es geht um den Entschluss, dass sich deine Träume auf der geistigen Ebene *bereits verwirklicht haben,* und um das Vertrauen, dass sie sich gemäß dem göttlichen Timing auch in materieller Form zeigen werden.

Diese Karte fordert dich auf, darauf zu achten, wie sehr deine Energie (deine Gedanken und Gefühle) die dich umgebende Realität beeinflusst, und zu erkennen, wie wichtig es ist, dass du an dich glaubst. Wenn du deine natürliche Manifestationskraft nutzt, bist du ganz im Vertrauen und weißt, dass jeder neue Tag dich auf das nächste Kapitel deines Lebens vorbereitet.

Mitgefühl

Zur Antwort auf deine Frage gehört, andere so zu behandeln, wie du behandelt werden möchtest. Die Karte erinnert dich daran, dass alles, was du tust, auf alles und alle in deinem Leben einwirkt. Dies ist eine Zeit, um deinen höheren Anteil sichtbar werden zu lassen. Als Indigo kannst du in jeder Situation leicht einen Schritt zurücktreten und den größeren Zusammenhang sehen.

Um vorwärtszugehen, musst du eine höhere Energie ausstrahlen, denn was du aussendest, kommt zu dir zurück. Geh also in dich und mach eine Bestandsaufnahme, um dich zu vergewissern, dass du andere fair und mitfühlend behandelst.

Mutter Maria

Mutter Maria, die »Königin der Engel«, verkörpert bedingungslose Liebe und Mitgefühl.

Diese Karte ruft dich auf, sowohl die Menschen in deinem Leben als auch dich selbst mit solcher Liebe zu betrachten. Mutter Maria kann dir helfen, deine Gaben und Talente anzunehmen und dich selbst in jedem Moment zu ehren.

Sie erinnert dich daran, stolz zu sein, wie weit du es in diesem Leben gebracht hast, und ermutigt dich, weiter vorwärtszugehen. Mutter Maria beschützt, umsorgt und führt alle Kinder, auch die Indigo-Kinder. Sie hilft dir, anderen Kindern zu helfen.

Bitte Mutter Maria um Hilfe, dein Herz zu öffnen und dir bewusst zu werden, welch ein Segen du für diesen Planeten bist.

Natur

Indigos sind ausgesprochen empfindsam. Deshalb kann es passieren, dass du unwissentlich negative Energien aufnimmst (die dann dich und die Menschen um dich herum negativ beeinflussen). Dies beschränkt dein Verständnis deines erstaunlichen Lebensauftrags. Die Engel bitten dich daher, dich eine Weile zurückzuziehen, um Zeit in der Natur zu verbringen und dich mit diesem wundervollen Planeten zu verbinden.

Es ist Zeit für dich, die Welt außerhalb deines Hauses und deiner Arbeit zu erkunden. Du bist so viel mehr als das, was du in deiner normalen, alltäglichen Routine erlebst. Das Eintauchen in die Energie der Erde kann als eine heilende und reinigende Erfahrung dienen, die dir hilft, dich zu erden und loszulassen, was dir nicht mehr nützt.

Selbstfürsorge

Achte darauf, nicht so viel zu geben, dass in deinem eigenen Leben ein Mangel entsteht.

Als Indigo hast du gemäß deiner göttlichen Mission viel Mitgefühl für die Welt. Das kann dich übermäßig großzügig werden lassen. Du betrachtest das vielleicht nicht als Problem. Doch die Karte rät dir, dich um deine eigenen Bedürfnisse zu kümmern.

Achte darauf, genug für dich selbst zu tun, damit dir deine Großzügigkeit kein Leiden beschert. Erlaube dir, zu spüren, wie wundervoll es ist, wenn deine Bedürfnisse erfüllt sind, und vertraue, dass die Menschen in deinem Umfeld von ihren Engeln dahingehend geführt werden, all ihre Bedürfnisse versorgt zu bekommen.

Du bist hier auf der Erde, um zu helfen, doch du bist nicht jedermanns Quelle. Du kannst anderen das größte Geschenk machen, indem du ihre Engel bittest, zu erwachen und sie ihrem ureigenen Lebenszweck zuzuführen.

Selbstreflexion

Diese Karte fordert dich auf, dein Leben zu überdenken. Die Engel empfehlen dir, dich als den spirituellen Indigo-Krieger (bzw. die spirituelle Indigo-Kriegerin) zu sehen, der du in Wahrheit bist. Es ist leicht, auf das zurückzuschauen, was du getan hast, und dich schuldig zu fühlen, weil dein Tun andere verstört hat. Doch diese Zeit ist vorbei und du brauchst diese Energie nicht mehr mit dir herumzuschleppen.

Betrachte dich als eine göttliche Seele, die das absolut Beste tut, was sie unter den gegebenen Lebensumständen tun kann. Als Indigo ist es dir bestimmt, gegen das zu kämpfen, was der Menschheit nicht mehr dient. Das erfordert nichts anderes, als *du selbst* zu sein. Gestehe dir ein, was dir am Wichtigsten ist, und bitte die Engel, dich zu diesen Zielen und Wünschen hinzuleiten.

Sende Liebe

Liebe ist die machtvollste Schwingungsenergie im Universum.

Die Karte fordert dich auf, dich daran zu erinnern, dass alle Energie auf Liebe beruht. Wenn dir etwas unfair erscheint oder wenn du dich in einer Situation verloren fühlst, ist es wichtig, nicht in Negativität zu verharren, weil dies nur noch mehr Negativität nach sich zieht.

Als Indigo bist du sehr gut im Manifestieren, und die Engel brauchen dich, um Gefühle des Ärgers, der Traurigkeit oder der Frustration durch Liebe zu ersetzen.

Umgib die Situationen und Menschen in deinem Leben vor deinem inneren Auge mit reiner, liebevoller Himmelsenergie, und du wirst ein ganz neues Glück erfahren.

Teile deine Weisheit mit

Dir wohnt die alte, machtvolle Weisheit um die wahren Regeln von Richtig und Falsch inne.

Als Indigo bist du auf diesen Planeten gekommen, um tiefgreifende Veränderungen zu bewirken, und du bist mit dieser Mission nicht allein.

Diese Karte fordert dich auf, all das, was du über die in dieser Gesellschaft notwendigen Veränderungen erfährst, an Gleichgesinnte weiterzugeben. Je mehr Indigos von ihrer wahren Lebensaufgabe wissen (weil Leute wie du dieses Wissen in ihnen wachrufen), desto wirksamer wird diese kollektive Mission sein.

Träume

Die Karte fordert dich auf, auf deine Träume zu achten, sowohl die nächtlichen als auch jene, die im Wachzustand zu dir kommen. Sie sind deine Verbindung zu deinem angstfreien Traum, selbst wenn die Inhalte deiner Träume dem Verstand unlogisch erscheinen.

Die Engel bitten dich, diese Verbindung zu deinem Höheren Selbst zu stärken, um die Wunder in dein Leben zu bringen, die du schon immer ersehnt hast.

Vertrauen

Diese Karte lädt dich ein, darauf zu vertrauen, dass das Leben sinnvoll ist. Vertraue, dass das Chaos um dich herum einen tieferen Sinn und eine göttliche Ordnung hat.

In schwierigen Zeiten mögen Indigos den Eindruck haben, die Welt habe sich gegen sie verschworen und nichts mehr sei fair. Tatsächlich hat sich jedoch deine Sichtweise nicht ausreichend geweitet, um dein Problem im Zusammenhang zu betrachten.

Was heute groß und unerträglich erscheint, wird sich dir mit zunehmendem Alter nur noch als kleiner Vorfall darstellen. Vertraue darauf, dass dich dabei noch viel erwartet, auch wirklich magische Erfahrungen. Du wirst sehen, wie ausgeglichen die Welt sein kann.

Nimm diese Karte als eine Erinnerung daran, durchzuhalten, stark zu bleiben und an dich zu glauben, denn die Welt braucht dich mehr, als du ahnst.

Wünsch dir was

Was wünschst du dir am meisten? Wonach sehnt sich deine Seele?

Diese Karte fordert dich auf, dich mit deinen tiefsten Wünschen zu verbinden und sie zum Himmel zu schicken, anstatt zu beschließen, sie für unmöglich zu halten.

Die Engel fordern dich auf, deine Indigo-Anziehungskraft nicht unter einem Berg von Zweifeln zu verstecken, sondern sie einzusetzen, um in deinem Leben Gutes entstehen zu lassen.

Dies ist eine aufregende Karte, denn sie weist darauf hin, dass die Erfüllung deiner Wünsche nicht fern ist. Du brauchst nur ein bisschen Einsatz zu zeigen, damit sich die Erfüllung in deinem Leben zeigt.

Wenn du so eine Botschaft erhältst, ist es normal, dass Zweifel oder Ängste aufsteigen. Atme einmal tief durch und lass mit dem Ausatmen all diese niederen Energien los. Rede im Stillen mit den Engeln und teile ihnen genau mit, was du dir für dein Leben wünschst. Dann wird eines von zwei Dingen passieren: entweder dein Wunsch wird erfüllt, oder dir wird eine bessere, passendere Antwort gezeigt.

Zeige Wertschätzung

Indigos sind oft sehr mit ihrem eigenen Leben beschäftigt und vergessen darüber, den Menschen um sie herum zu zeigen, wie viel sie ihnen bedeuten.

Du bist dir dessen möglicherweise nicht bewusst, aber deine Freunde und deine Lieben sind ebenso menschlich wie du. Sie haben Gefühle und Emotionen – genau wie du.

Die Karte ruft dich auf, den Menschen in deinem Leben, die dir etwas Besonderes bedeuten, deine Dankbarkeit zu zeigen.

Die Karte fordert dich auch auf, deinen Fokus von dem Mangel in deinem Leben abzuwenden und stattdessen mehr zu schätzen, was du alles hast und was du erreicht hast. Wenn du mit diesem höheren Teil von dir in Kontakt gelangst, werden sich viel mehr deiner Träume verwirklichen.

Zeit, schöpferisch zu sein

Die Karte fordert dich auf, dich mit deiner Kreativität zu verbinden und dich künstlerisch, darstellerisch oder durch deinen Erfindergeist zum Ausdruck zu bringen.

In dir, dem Indigo, steckt viel aufgestaute Energie, die ein Ventil braucht. Es ist Zeit, aus nichts etwas zu erschaffen und zu wissen, dass du ein göttlicher Kanal der Schöpfung bist.

Die Engel bitten dich, etwas Einzigartiges auf diesen Planeten zu bringen, was nur von dir kommen kann. Bitte sie, durch dich zu wirken, und ihr werdet gemeinsam ein Meisterwerk hervorbringen, das der Welt Segen bringt.

Die Verbindung mit deiner Kreativität wird dir zu erkennen helfen, dass deine Manifestationskraft in diesem Leben durch nichts begrenzt wird außer durch deine Imagination.

Über die Künstlerin

Carol Heyers berufliche Laufbahn führte sie vom Drehbuchschreiben und Produktionsdesign über die Gestaltung bekannter Kinderbücher und lebhaft realistischer, farbenfroher »High Fantasy«-Märchen sowie Schwert- und Zaubergeschichten in das Genre des Mysteriösen und Religiösen. Ihr Markenzeichen sind imaginative, den Betrachter in Bann schlagende Bilder, die ihr etliche Würdigungen einbrachten, darunter Print's Regional Design Annual, Spectrum: The International Competition for Fantastic Art, The Society of Illustrators of Los Angeles, The Association of Science Fiction and Fantasy Artists, The Society of Children's Book Writers and Illustrators.

Carol lebt als Illustratorin und Schriftstellerin in Thousand Oaks, Kalifornien. Sie hat Computerkunst ausgestellt sowie für eine Film-Produktionsfirma als Produktionsdesignerin gearbeitet und Drehbücher für Spielfilme geschrieben. Sie verließ die Firma, um sich als Künstlerin und Autorin selbstständig zu machen. Von ihren Bilderbüchern wurden bis heute über eine halbe Millionen Exemplare verkauft.

www.carolheyer.com

Über die Autoren

Doreen Virtue, Ph. D., hat an der Universität Beratungspychologie studiert. Über die Indigo-Generation hat die Bestseller-Autorin bereits in ihren Büchern »Das Praxisbuch für Indigo-Kinder« und »Die Kristall-Kinder« geschrieben. Weitere Informationen über Doreens Workshops, Bücher, Kartensets und Audioprogramme etc. sind auf ihrer Website zu finden:

www.AngelTherapy.com.

Charles Virtue ist in fünfter Generation metaphysischer Heiler. Er lernte die enge Zusammenarbeit mit den Engeln bereits in jungen Jahren von seiner Mutter Doreen. Er setzt sich begeistert dafür ein, Menschen in tiefere Verbindung mit ihrem Höheren Selbst zu bringen und das wahre Potenzial ihres Lebens zu erkennen. Charles wusste seit seiner Kindheit, dass es ihm bestimmt war, einer großen Sache zu dienen, und er verwirklicht diese frühen Vorahnungen durch die Engel-Zertifizierungskurse, die er in aller Welt anleitet. Charles half seiner Mutter bei der Arbeit am »Praxisbuch für Indigo-Kinder« und verfasste mit ihr zusammen das Buch »Zeichen der Engel: Himmlische Botschaften für den Alltag«. In seinem monatlichen Newsletter channelt und veröffentlicht er fortlaufend die Botschaften und Lektionen, die ihm die Engel bringen.

www.CharlesVirtue.com

Doreen Virtue
Engel begleiten deinen Weg

44 Karten mit Begleitbuch 72 Seiten
Schöne Engelbilder von alten Meistern
Karten mit Goldrand
€ 17,95
ISBN 978-3-936862-71-3

Engel begleiten unseren Weg, ob wir uns ihrer bewusst sind oder nicht. Dieses Kartenset ist ein für jeden ganz einfach zu praktizierender Weg, um herauszufinden, welcher Engel gerade an unserer Seite steht, uns seine Hilfe anbietet oder uns eine Botschaft zukommen lassen möchte. Auf jeder Karte steht unter einer wunderbaren Engeldarstellung eine kurze Botschaft, die im Begleitbuch näher erläutert wird.

Doreen Virtue
Orakel der Aufgestiegenen Meister

44 Karten mit Begleitbuch 120 Seiten
€ 17,95
ISBN 978-3-86728-036-5

Die Aufgestiegenen Meister sind mächtige Helfer. Mit diesen leicht anzuwendenden Orakelkarten können sich sowohl Neulinge als auch erfahrene Kartenleger von diesen großen Lehrern und Heilern helfen lassen, um die eigene Lebensaufgabe besser zu verstehen, die angemessene Herangehensweise für schwierige Situationen zu erkennen, bedeutende Veränderungen zu bewältigen oder sich spirituell und medial weiter zu entwickeln.

Engel-Botschaften für und über Indigo-Kinder und -Erwachsene

Indigos sind willensstarke, intuitive, spirituell begabte Führungspersönlichkeiten, die ein hervorragendes Gespür für die Wahrheit haben. In dieser komplizierten Welt brauchen jedoch selbst Indigos hin und wieder einen Rat, um den nächsten Schritt zur Umsetzung ihrer Lebensaufgabe zu erkennen und in Beziehungen oder anderen Bereichen mehr Klarheit zu gewinnen. In diesem Begleitbuch wird die Bedeutung jeder einzelnen der 44 Karten erklärt: Sie enthalten speziell an Indigos gerichtete Engel-Botschaften, die aber auch für deren Eltern und Lehrer bedeutsam sind.

Doreen Virtue ist Doktorin der Psychologie. Als hellsichtige Metaphysikerin lässt sie übernatürliche Phänomene wie Heilung durch Engelskräfte und spirituelle Prinzipien aus »Ein Kurs in Wundern« in ihre psychologische Beratungspraxis und ihre Arbeit als Autorin mit einfließen. Seit 1989 hält sie Workshops über Spiritualität und seelische Gesundheit.
Webseite: **www.AngelTherapy.com**

Charles Virtue, der älteste Sohn von Doreen Virtue, ist zertifizierter Angel Therapy Practitioner® und unterrichtet im Rahmen des Engel Training Programms. Schon lange betont er die Macht der Gedanken und deren Manifestation in der Realität. Nach einer mehr als siebenjährigen, assistierenden Zusammenarbeit mit seiner Mutter gibt er nun eigene Kurse in der ganzen Welt.
Webseite: **www.CharlesVirtue.com**

Photo von Doreen: Torge Niemann
Photo von Charles: Bea Swanson

KOHA

LASS LOS / ENTSPANN DICH

LASS LIEBE ZU

ANNEHMEN

MANIFESTIERE

AUTORITÄT

BETE

LERNE ETWAS NEUES

VERTRAUEN

ZEIGE WERTSCHÄTZUNG

DU BIST NICHT ALLEIN

ZEIT, SCHÖPFERISCH ZU SEIN

DENKE DARÜBER NACH

DU WIRST GELIEBT

DU WIRST VERSTANDEN

DURCHSCHAUE DIE SITUATION

DU BIST ETWAS BESONDERES

DU WEISST BEREITS

NATUR

ERZENGEL METATRON

MITGEFÜHL